Kia ora,

viele Neuseeländer begrüßen sich ganz selbstverständlich mit „Kia ora“ oder verabschieden sich in der Maori-Sprache mit „Haere ra“. Sicher auch ein Zeichen dafür, dass man sich um eine stärkere Integration der Maori und ihrer Kultur bemüht. Die ursprüngliche Bevölkerung Neuseelands ist heute eine Minderheit mit zunehmend mehr Macht, aber nach wie vor vielen Problemen. Mehr dazu im DuMont „Zur Sache“ auf S. 50 ff.

FASZINATION NEUSEELAND

Bevor Sie das erste „Kia ora“ hören, vergehen mindestens 22 Flugstunden. Dennoch ist für viele eine Reise nach Neuseeland ein Traum, den man unbedingt einmal im Leben verwirklichen will. Woran das liegt? Ganz sicher an der einmaligen faszinierenden Natur, der außergewöhnlichen Tierwelt und den sympathischen Neuseeländern, seien sie nun europäischer, asiatischer Herkunft oder eben Maori.

ALL GOOD, NO WORRIES

Nach seiner letzten Fotorecherchereise in Neuseeland erzählte mir Markus Kirchgessner, dass er kaum jemals derart viele entspannte und gelassene Menschen getroffen habe wie dort. „All good, no worries“ sei einer der häufigsten Sätze, die er zu hören bekam. Woran das liegen mag? In Neuseeland leben ca. 5 Mio. Menschen, circa ein Drittel allein in der Metropole Auckland – da freut man sich auf Begegnungen (auch wieder mit Touristen, im September 2022 wurden nahezu alle Corona-Maßnahmen aufgehoben).

Herzlich

Ihre

Birgit Borowski

Birgit Borowski
Redaktion DuMont Bildatlas

»THERE IS ONLY ONE WORD FOR NEW ZEALAND: EPIC!«

Bear Grylls, britischer Abenteurer, Dokumentarfilmer und TV Moderator

Die Reise-Journalisten Bruni Gebauer und Stefan Huy leben schon seit über 30 Jahren sowohl in Deutschland als auch in Neuseeland – und wenn es dort kühler wird, gerne im „winterless north“, wo der Himmel voller Orangen hängt. Aus beruflichen Gründen war der in Frankfurt lebende Fotograf Markus Kirchgessner schon mehrfach im „Kiwi-Land“ unterwegs.

72

Zum Abel Tasman National Park gehört auch die ungewöhnliche Felsformation „Split Apple Rock“ bei Marahau.

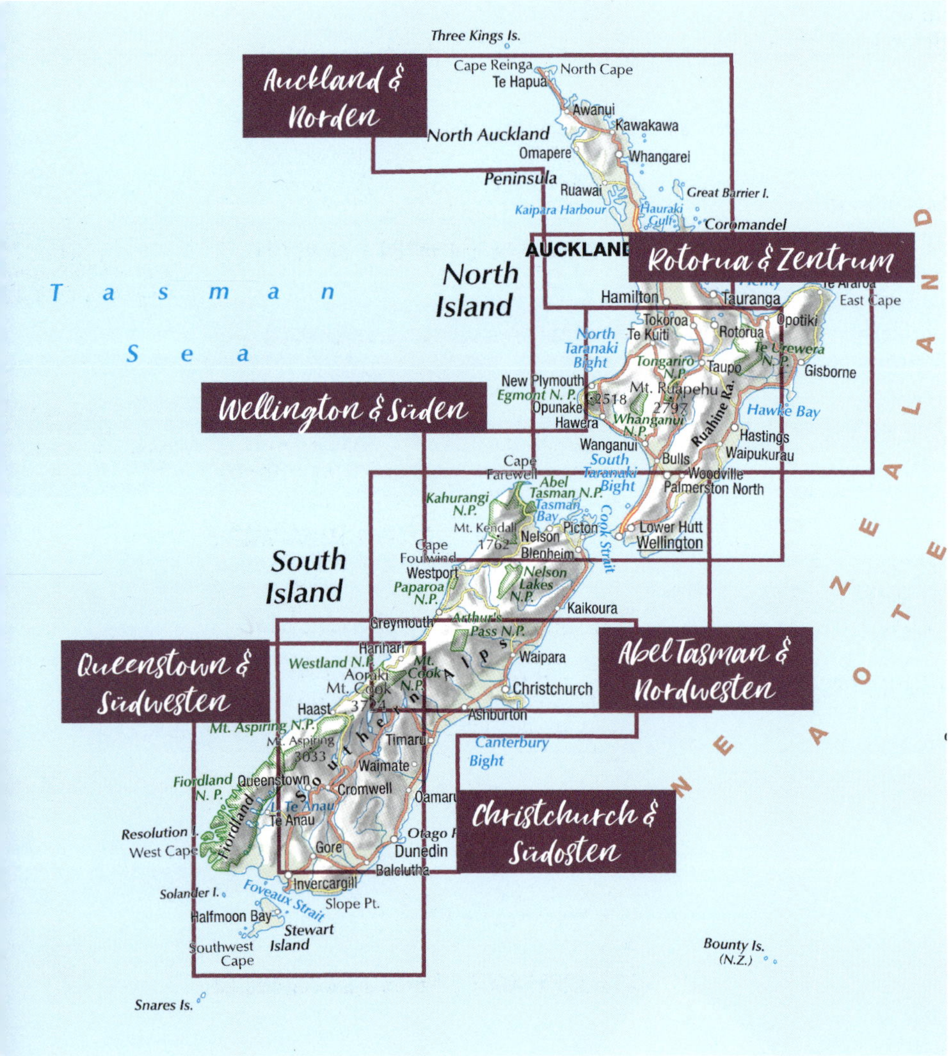

22

Unnachahmlich lässig: der Lebensstil im sonnigen Auckland

30

In der Bay of Islands gibt es immer viel zu sehen.

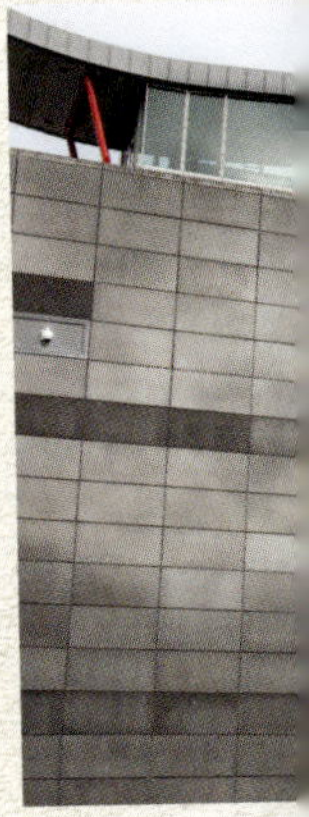

Das Beste erleben

Berührend, aufregend und spannend ...
sind unsere Ideen, die wir für Ihren Aufenthalt
in Neuseeland zusammengetragen haben.

Berauschende Natur

*** 1 ***

WAIMANGU VOLCANIC VALLEY

In Schwefeldämpfe gehüllte Thermallandschaft, wie für einen Fantasyfilm entworfen.
Seite 56

*** 2 ***

AORAKI MOUNT COOK

Höchster Berg des Landes mit schneebedecktem Gipfel und Möglichkeiten für Ausflüge ins Hochgebirge.
Seite 100

*** 3 ***

DOUBTFUL SOUND

Stiller, aber betörend schöner Fjord an der zerklüfteten und nur schwer zugänglichen Südwestküste der Südinsel.
Seite 101

Frischer Schwung

*** 4 ***

WETA STUDIO TOURS

Ein Blick hinter die Kulissen der seit „Herr der Ringe" boomenden neuseeländischen Filmindustrie in Wellington.
Seite 69

*** 5 ***

OTAGO CENTRAL RAIL TRAIL

Herrliche Radroute auf einer stillgelegten Eisenbahntrasse durch die dünn besiedelte Weite Central Otagos.
Seite 99

*** 6 ***

WHALE WATCHING

Eindrucksvolle Begegnungen mit bis zu 20 Meter langen Pottwalen in den Küstengewässern vor Kaikoura.
Seite 114

2

1

Reiner Genuss

• 7 •

MANGONUI FISH SHOP

Fangfrische Ware, leckere Fish & Chips und sensationeller Ausblick auf die Pazifik-Bucht.
Seite 40

• 8 •

MARTINBOROUGH

Ein kleines, aber feines Weinanbaugebiet mit erlesenen Tropfen, appetitlicher Gastronomie und Partystimmung am Wochenende.
Seite 70

• 9 •

GREENSHELL MUSSEL CRUISE

Megagroße Muscheln für Feinschmecker aus den sauberen Gewässern der Marlborough Sounds.
Seite 83

Besondere Orte

• 10 •

WAITANGI TREATY GROUNDS

Anschaulicher Geschichtsunterricht an Originalschauplätzen in der wunderschönen Bay of Islands.
Seite 40

• 11 •

MATAATUA CULTURAL IMMERSION EXPERIENCE

Maori-Kultur im Umfeld eines traditionellen Versammlungshauses der ersten Einwanderer Neuseelands.
Seite 56

• 12 •

TE PAPA TONGAREWA

Opulentes Nationalmuseum in Wellington mit vielen faszinierenden Facetten Neuseelands.
Seite 69

IM LAND DER LANGEN WEISSEN WOLKE

Cathedral Cove nahe dem Hahei Beach auf der Coromandel Peninsula (Nordinsel): Der Legende nach soll Gott, nachdem er die Erde erschaffen hatte, bemerkt haben, dass in der Weite des Pazifiks noch genügend Platz für zwei Inseln war. Also nahm er sich jeweils etwas vom Schönsten aller Kontinente und schuf daraus sein Meisterwerk: Neuseeland oder Ao-tea-roa, wie die Maori, die ersten polynesischen Einwanderer, das Land nennen – was als „Land der langen weißen Wolke" übersetzt wird.

ABENTEUERSPIELPLATZ NEUSEELAND

Von oben schaut die Welt gleich ganz anders aus. Erst recht, wenn man sie im freien Fall betrachtet wie hier beim Bungy Jumping von der Kawarau Bridge in der Nähe von Queenstown. Für abenteuerliche Unternehmungen wie diese begeistern sich viele Neuseeländerinnen und Neuseeländer – genauso wie für die diversen Fun- und Outdoorsportarten zu Wasser, zu Land und in der Luft.

KAWARAU BRIDGE BUNGY 43M

WELTSTADT AM WASSER

Auckland – hier ein Blick in den frühen Abendstunden vom Mount Eden – ist die größte Stadt Neuseelands. Sie vereint alle Attribute einer modernen, kosmopolitischen Ansiedlung mit den Vorzügen ihrer begünstigten Lage an der schmalsten Stelle der Nordinsel – eingebettet in die faszinierende Wasserwelt der buchtenreichen Naturhäfen Waitemata und Manukau.

BEGRÜSSUNG NACH ART DER MAORI

Höflichkeit ist eine Zier – und noch besser ist es, wenn es dafür förmliche Rituale gibt, wie hier das traditionelle Hongi der Maori. Zum einen, weil dann auch gleich klar ist, ob man „sich riechen" kann. Und zum anderen, weil dieses Begrüßungsritual schon auch eine tiefere Bedeutung hat, nach der es darum geht, dass sich zwei Seelen, symbolisiert in ihrem Lebensatem, berühren. So oder so: Näher kommt man sich bestimmt.

MYTHEN UND LEGENDEN

Was hier an der Küste von Otago auf der Südinsel am Strand und im seichten Wasser liegt, sind nach einer Maori-Legende zu Stein gewordene Vorratskörbe, die von ihren vor langer Zeit den menschenleeren Pazifik überquerenden Vorfahren aus dem Kanu geworfen wurden. An der auffälligen Oberflächenmusterung dieser Moearaki Boulders, so heißt es, könne man noch den Abdruck von Fischernetzen erkennen.

VON NORD NACH SÜD

Landschaftsidyll bei Dunedin auf der Otago Peninsula im Südosten der Südinsel: Letztere ist deutlich geringer besiedelt als ihre nördliche Nachbarin. Die Maori nannten die Südinsel „Te Wahipounamo" (Ort des Jadesteins), was heute auch der Name eines von der UNESCO gelisteten Weltnaturerbes ist, das neben vier Nationalparks (Westland Tai Poutini, Aoraki Mount Cook, Mount Aspiring, Fiordland) noch weitere Naturreservate umfasst.

Die wohligsten Thermalbäder

WELLNESS IM WARMEN WASSER

Wo Thermalquellen so verschwenderisch sprudeln, laden vielerorts heiße Pools zum Baden ein. Die meisten Anlagen haben unterschiedlich temperierte Becken, bis zu 40 °C, einige offerieren auch Massage-Anwendungen. Zudem gibt es noch naturnahe Badeplätze, an denen das heiße Wasser direkt aus der Erde quillt. Alle Hotspots sind übrigens unter www.nzhotpools.co.nz aufgelistet.

4

7

❶ Athenree Hot Springs

Das Ambiente ist rustikal, das Thermalwasser perlt seidenweich und garantiert ohne chemische Zusätze. Denn die beiden unterschiedlich heißen Becken werden täglich geleert und gereinigt. Wer auf dem angeschlossenen Campingplatz übernachtet, darf umsonst baden. Eng wird's im Wasser allenfalls an den Wochenenden bzw. nach Feierabend, wenn Badegäste aus der Umgebung kommen. Heißer Tipp: Abkühlung bietet der Pazifik am nahen Waihi Beach.

1 Athenree Rd., Athenree, Bay of Plenty, tgl. 8.30 bis 19.30 Uhr, Tel. 07 8 63 56 00, www.athenreehotsprings.co.nz

❷ Polynesian Spa

28 unterschiedlich aufgeheizte Becken am Ufer des Lake Rotorua bereiten die Qual der Wahl: entspannen im schick designten Deluxe Lake Spa oder in den funktionellen Adult Pools? Tagsüber mit Blick über den See oder abends romantisch unterm Sternenhimmel? Wer für sich sein will, bucht einen Private Pool und erwärmt sich in bzw. an 38,5 °C temperiertem und therapeutisch wirksamem Mineralwasser. Empfehlenswert: sich von ungewöhnlichen Anwendungen wie der Signature Aix Therapie verwöhnen lassen.

1000 Hinemoa St., Rotorua, tgl. 8.00–22.00 Uhr, Tel. 07 3 48 13 28, www.polynesianspa.co.nz

❸ Kawhia Hot Water Beach

Westlich von Hamilton, an der Tasmanischen See, sprudeln bei Ebbe Thermalquellen aus dem Sandstrand. Man fährt bis Kawhia, steigt über die Dünen und hat bestenfalls einen Spaten dabei, um seine eigene Badewanne auszugraben. Die Aussicht ist fantastisch und der Badeplatz viel zu abgelegen, um überlaufen zu sein – eine gute Alternative zum populären Hot Water Beach auf der Coromandel Peninsula.

Kawhia, Parkplatz am Ende der Ocean Beach Rd., www.hamiltonwaikato.com

❹ Wairakei Terraces & Thermal Health Spa

Hier im Innern der Nordinsel dringt das Thermalwasser aus 1500 m Tiefe nach oben. Schon die Maori wussten um die wohltuende und heilende Wirkung. Heute empfängt uns eine naturnahe Badelandschaft wie aus dem Feenreich: mit dampfenden Pools zwischen Silicat-Terrassen und türkisblauem Wasser in Felsbecken. Und der Badespaß lässt sich auch gut mit einem Maori-Folklore-Erlebnis verbinden.

SH 5/Thermal Explorer Highway, Wairakei, nördlich von Taupo, tgl. 8.30–21.00 Uhr, Tel. 07 3 78 09 13, www.wairakeiterraces.co.nz

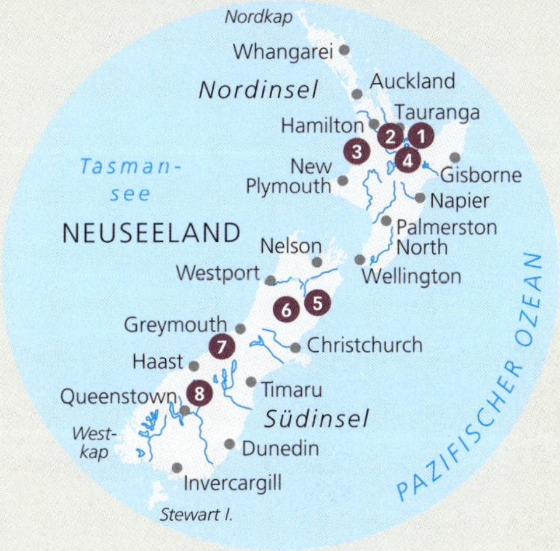

5 Hanmer Springs Thermal Pools & Spa

Die wohltemperierte Wohlfühloase liegt nur 90 Fahrminuten von Christchurch entfernt und ist jeden Ausflug oder Aufenthalt wert: Zwischen großzügigen Schwimmbecken purzeln Thermalwasser-Kaskaden durch Bachläufe und Pools, Familien mit Kindern haben ihren Spaß auf Riesenwasserrutschen. Zwischendurch kann man sich im Café stärken oder im Kosmetiksalon verwöhnen lassen. (Die angeschlossene Sauna bitte nur in Badekleidung betreten!)

42 Amuri Ave., Hanmer Springs, tgl. 10.00–21.00 Uhr, Tel. 0800 44 26 63, www.hanmersprings.co.nz

6 Maruia Hot Springs

Gute Bergluft, friedliche Ruhe und sauberes Thermalwasser tief aus dem Erdinnern: Das Bad mit Außen- und Innenbecken liegt wunderschön im naturbelassenen Lewis National Park. Ideal für eine kurze Auszeit von Stress, Hektik und Lärm. Wer länger bleibt und vielleicht die eine oder andere Wanderung unternimmt, übernachtet im angeschlossenen Hotel mit Restaurant bzw. im Wohnmobil auf dem Stellplatz nebenan. Tipp: Insektenschutzmittel hilft gegen die zahlreichen Sandflies.

SH 7, Lewis Pass, tgl. 8.00 bis 21.00 Uhr, Tel. 03 5 23 88 40, www.maruiahotsprings.nz

7 Glacier Hot Pools

Die drei bis zu 40 °C heißen Hauptbecken fügen sich malerisch in das umgebende Regenwalddickicht. Das Wasser entstammt keiner Thermalquelle, sondern wird mit Gasbrennern erhitzt. Was nichts an der wohltuenden Wirkung ändert. Denn an den häufigen Schlechtwettertagen in der Gletscherregion ist das Bad der schönste Ort um zu relaxen: bei einer Massage oder im dampfenden Wasser unter dem triefenden Blätterdach – ideal zum Aufwärmen nach einer Gletscherwanderung.

63 Cron St., Franz Josef Glacier, tgl. 9.00–21.00 Uhr, Tel. 0800 04 40 44, www.glacierhotpools.co.nz

8 Onsen Hot Pools

Bis zu vier Badegäste nehmen in einem der hölzernen Zuber Platz und blicken in die wilde Schlucht des Shotover River: Ein atemberaubendes Panorama, selbst nach Einbruch der Dunkelheit, wenn die Pools dezent illuminiert werden und von oben die Sterne leuchten. Wände und Dach lassen sich auf Knopfdruck öffnen, sodass man wie unter freiem Himmel baden kann. Das chlorfreie Wasser wird erhitzt, mit starkem UV-Strahl gereinigt und ständig ausgetauscht. (Während der Wintersportsaison unbedingt reservieren!)

160 Arthurs Point Rd., Arthurs Point, Queenstown, tgl. 10.00–23.00 Uhr, Tel. 05 08 86 94 63, www.onsen.co.nz

vero
Deloitte.
citi

Auckland & Norden

*

UNTER SÜD-LICHER SONNE

*

Auckland? Die einen stöhnen über chaotische Verkehrsverhältnisse, die anderen lieben die quirligste Stadt Neuseelands. Alle aber sind begeistert von dem milden subtropischen Klima im Norden, das einen unnachahmlich lässigen Lifestyle sowohl in der Stadt als auch im weiten Umkreis an den Traumstränden garantiert.

Aufstrebende Neubauten: Blick von der zwischen City und Devonport verkehrenden Fähre auf die Skyline von Auckland.

Wenn bei untergehender Sonne am Piha Beach die Surfer noch im Wasser der Tasmanischen See auf die nächste lohnende Welle lauern, muss auch an der Waterfront mitten in Auckland niemand auf dem Trockenen sitzen: In den gut besuchten Lokalen rund um Viaduct Basin, Princess Wharf und Wynyard Quarter fließen die Pre-Dinner-Drinks in Strömen. Wer hier freitagabends in den zahlreichen Restaurants ohne Reservierung auf einen freien Tisch hofft, muss Glück haben.

Auckland ist eine lebenslustige, jung gebliebene Stadt und die größte Neuseelands dazu. Hier wird gern richtig Party und die Nacht zum Tag gemacht. Ein zuverlässiger Begleiter dabei ist die „White Lady", und zwar schon seit 1948, als die Familie Washer den zum Imbisswagen umgebauten Anhänger in der City an den Straßenrand stellte, um auf Kundschaft zu warten, die pünktlich um 18.00 Uhr („six o'clock swill") aus den Kneipen torkelte, weil dann der Zapfhahn abgestellt wurde. Den Werktätigen blieb gerade mal eine Stunde, sich die Kante zu geben. Und die White Lady stand parat, sie wieder aufzupäppeln. Das ist bis heute so – auch wenn sich die Schlangen jetzt am Wochenende erst um 6.00 Uhr morgens vor dem 12-Meter-Pie-Cart bilden.

AUCKLAND IST EINE LEBENSLUSTIGE, JUNG GEBLIEBENE STADT.

CITY OF SAILS

Auckland macht einfach Lust auf Meer: im Westen die wilde Tasmanische See mit ihren schwarzen, von Steilfelsen eingefassten Stränden, im Osten der riesige Pazifische Ozean, der im Hauraki Gulf wunderschöne Inseln umspült, jede davon einen Ausflug wert; und dazwischen, praktisch mitten in der Stadt, ausgedehnte Hafengewässer als zentrales Segelrevier für die Einwohner. In der Westhaven Marina allein liegen über

Von oben nach unten: Blick von der Aussichtsplattform des 328 m hohen Sky Towers auf den Hafen, Shoppingmeile Queen Street im Stadtzentrum, Spaziergang am Hafen

Rechte Seite: Aucklands Ferry Building entstand in den Jahren 1909 bis 1912 nach Entwürfen des Architekten Alex Wiseman.

FERRYBUILDING

Auckland ist eine multikulturelle Metropole mit maritimer Seele. Das Wasser ist nirgends weit weg – an der zerklüfteten Westküste erreichen die Wellen herrliche Sandstrände, im glitzernden Hauraki Gulf umspülen sie Inseln und Inselchen.

Rechts: The Strand Arcade in der Queen Street vereint Shoppingvergnügen mit Sightseeing – die im Jahr 1910 errichtete Einkaufsarkade gehört zu den ältesten der Stadt.

Unten: Auch internationale Marken haben in der Queen Street einen Flagship-Store.

Etwa drei Dutzend Sprachen werden in Auckland gesprochen: Die Stadt ist eine kosmopolitische Drehscheibe für den gesamten Südpazifik.

Links: Wer könnte da schon widerstehen? „New Zealand Natural Melt" heißt diese Eisdiele an der Queens Wharf.

Jeder vierte Aucklander besitzt der Statistik nach ein Boot – bei über 1,7 Mio. Einwohnern ergibt das eine stattliche Flotte.

2000 Boote; statistisch besitzt jeder vierte Aucklander ein Boot. Nebenan, in der Silo Marina, machen imposante Luxusjachten aus aller Welt fest, um hier fachmännisch überholt zu werden. Als gute Bootsbauer haben sich die Neuseeländer längst einen Namen gemacht.

Bei steifer Brise kann man eine massive Rennjacht ohne Schnörkel durch die Wellen schießen sehen. Der schnittige Rumpf gehört vielleicht zum Emirates Team New Zealand, beim Training für den renommierten America's Cup. Oder an Bord sind Touristen, die es sich was kosten lassen, dem Rennfieber nachzujagen, das die ganze Nation erfasste, nachdem das Team Neuseeland 1995 im vierten Anlauf erstmals den Cup holte. Im Jahr 2000 dann der zweite, 2017 der dritte und 2021 der vierte Sieg. Der nächste America's Cup 2024 wird allerdings nicht in Neuseeland ausgetragen, sondern im Mittelmeer, vor der Küste Barcelonas. Aus finanziellen Gründen hatte das Emirates Team New Zealand eine wiederholte Gastgeberrolle bei dem Segelspektakel in heimischen Gewässern abgelehnt.

LANDPARTIE ÜBER 50 VULKANE

Auckland ist aber auch ein ganz heißes Pflaster – die Millionenstadt siedelt auf einem weiten vulkanischen Feld: Der letzte der rund 50 Krater eruptierte vor ungefähr 600 Jahren und hinterließ die Insel Rangitoto draußen im Hafen, heute ein Naturreservat mit Lavahöhlen und einem faszinierenden Rundumblick vom 260 Meter hohen Gipfel. Die erloschenen Vulkankegel an Land sorgen ebenfalls für tolle Aussichten bis weit über die Küstenlinie. Was den Maori, den ersten Einwanderern Neuseelands, auf Anhieb gefallen haben muss. Denn viele ließen sich auf den Erhebungen nieder, in mit Palisaden befestigten Dörfern. Die Terrassierung der Hänge ist vielerorts noch erkennbar, etwa auf dem Mount Eden, dem wohl populärsten Lookout der Stadt. „Pa" genannte Befestigungsanlagen boten den Bewohnern Schutz vor feindlich gesinnten Maori-Stämmen – nicht aber vor den siedlungswütigen Europäern, die ab Mitte des 19. Jahrhunderts den Isthmus zwischen den Meeren in Besitz nahmen und die polynesischen Einwanderer verdrängten.

Auckland aus der Luft betrachtet gleicht heute einem stetig wuchernden Patchwork aus Hausdächern dicht an dicht, die Vororte erstrecken sich bis zu den Bombay Hills im Süden und der Kleinstadt Warkworth im Norden.

IMMOBILIENBLASE UND WOHNUNGSNOT

In Auckland zu leben muss man sich leisten können: Die seit Jahrzehnten kontinuierlich gestiegenen Immobilienpreise sind die höchsten in ganz Neuseeland. Ein gerade mal acht Quadratmeter kleines Appartement in Uni-Nähe – kaum mehr als eine „Schlaf-Box" – geht inzwischen leicht für über 100 000 NZ$ an den nächsten Besitzer, nachdem es wenige Jahre zuvor als Neubau für 70 000 erworben wurde. Dementsprechend hoch fallen die Mietpreise aus: 350 NZ$ pro Woche für ein 30-Quadratmeter-Appartement in Innenstadtlage sind die Regel. Daher „flaten" nicht nur Studierende, sondern auch viele Erwerbstätige, mieten also ein

WER HEUTZUTAGE IN AUCKLAND LEBEN WILL, MUSS ES SICH LEISTEN KÖNNEN.

Livemusik vor einem Restaurant im Wynyard Quarter am Hafen

AUCKLAND IST DIE STADT DER LIEBHABER – ZUMINDEST VERHEISST DAS IHR MAORI-NAME TAMAKI MAKAURAU.

Zimmer in einer Art WG, in der Bad und Küche gemeinschaftlich genutzt werden. Selbst Paare oder junge Familien mit Kindern kommen zwangsläufig so unter, weil das Geld für eine Mietwohnung nicht reicht. Für den Traum vom Eigenheim schon lange nicht mehr. 2022 lag der durchschnittliche Hauspreis in Auckland bei über 1,1 Mio. NZ$ (Landesdurchschnitt: unter 1 Mio.), mehr als doppelt so hoch wie sechs Jahre zuvor. Aber Zinserhöhungen für Hypotheken werden ihre Wirkung nicht verfehlen.

NEW ZEALAND VILLA, TERRACE HOUSES

Was ist bloß aus dem „quarter acre section dream" der Neuseeländer geworden? In Auckland und anderen urbanen Centren wie Wellington oder Christchurch können sich nur noch wenige das eigene Haus auf einem 1000-Quadratmeter-Grundstück leisten, so wie es mal im ganzen Land gute Kiwi-Tradition war.

Stolzer Mittelpunkt eines solchen Grundstücks war damals die New Zealand Villa, die bis in die Anfänge des 20. Jahrhunderts gebaut wurde – und die man noch heute vielerorts sehen kann: koloniale Architektur aus Holz mit viktorianischen Schnörkeln, überdachter Veranda und niedlichen Erkern. Spaziergänge in Auckland durch die historischen Stadtviertel Devonport, Ponsonby oder Parnell führen das ein oder andere Schmuckstück vor Augen, hübsch restauriert und heute ein kleines Vermögen wert. Weshalb die einstigen Wohnhäuser nicht selten kommerziell genutzt werden – gerne als Anwaltskanzlei oder als Werbeagentur.

In den neuen Vororten lässt dagegen die Bebauung auf engem Raum kaum architektonischen Charme zu. Oft entstanden hier monotone Reihenhaussiedlungen mit schmalen Terrace Houses: ohne Keller schnell errichtet aus Holzständerwänden oder Fertigbauteilen. Wer sich einen Eindruck davon verschaffen will, wie Neuseeländer wohnen, kann am Straßenrand auf Schilder mit der Aufschrift „Open Home" achten: Das Haus dahinter steht zum Verkauf und kann zu den angegebenen Zeiten besichtigt werden – von jedermann und ohne Voranmeldung.

ABENTEUERLICHE ANFÄNGE

Die ältesten Häuser Neuseelands sind das Mission House (1822) und der Stone Store (1832) in Kerikeri. In der Bay of Islands befindet sich der Geburtsort der vergleichsweise jungen Nation: Man schrieb das Jahr 1840, als an einem sonnigen 6. Februar oberhalb der herrlichen Bucht Vertreter der britischen Krone mit 40 Maori-Häuptlingen einen Vertrag unterzeichneten, der nun das staatliche

Die Neuseeländer wissen, wie es sich anfühlt, weit weg von allem anderen zu sein. Gern wird erzählt, sie hätten Angst davor, dass ihr Land irgendwann von der Weltkarte herunterfalle. Noch viel größer aber sei die Angst, dass das nicht einmal jemand bemerkt …

Links: „Giapo" in der Gore Street östlich vom Viaduct Harbour verspricht „Ice cream deluxe" – aufwendig verziert und in jedem Fall ein eisiger Genuss.

Mittagspause auf einer Rasenfläche beim Britomart Transport Centre, einem wichtigen Verkehrsknotenpunkt, den man durch das Gebäude des ehemaligen Hauptpostamts in der Queen Street betritt.

Fröhliche Freizeit: Am und um den Viaduct Harbour bieten sich viele Gelegenheiten zur Einkehr.

An ein mondänes Seebad erinnert Devonport – denkbar weit weg von der hektischen City und doch in weniger als 15 Fährminuten zu erreichen.

Surferin am westlich von Auckland gelegenen Karekare Beach: Jane Campion drehte hier Szenen für ihren oscargekrönten Film „Das Piano".

Bay of Islands: An der Promenade von Russell sitzt man gemütlich an den Tischen des Restaurants „The Gables".

Auf dem Weg zum Strand – genauer: zum Karekare Beach

Special

Farn

Gefiedertes Nationalsymbol

Baumhoch, buschig, kriechend oder silbern schimmernd: Vor allem im feuchten Klima der Regenwälder gedeihen die verschiedensten Farne. Knapp 200 einheimische Spezies und 35, die sich irgendwann eingeschmuggelt haben, sind bekannt. Darunter sind einige außergewöhnliche wie der Silberfarn *(Cyathea dealbata)*, ein bis zu zehn Meter hoch wachsender Baumfarn, der so heißt, weil die fein gefiederten Zweige an der Unterseite silbern gefärbt sind. Der Silberfarn gilt als Nationalsymbol Neuseelands, viele Sportteams tragen ihn als Emblem, darunter die Rugby-Spieler der erfolgreichen All Blacks. Maori-Jäger legten einst die Farnzweige umgedreht auf den Boden, damit das Mondlicht die silberne Unterseite erhellt, wenn sie im Dunkeln den Weg zurückfinden mussten. Die Rinde des bis zu 20 Meter hohen Schwarzen Baumfarns *(Cyathea medullaris)* nutzte das polynesische Naturvolk für die Wundversorgung oder bei geschwollenen Gelenken,

zarte Farn-Spitzen ergänzten als eine Art „Wald-Spargel“ den Speiseplan, und die Stämme der Baumfarne waren leicht zu bearbeitendes Baumaterial für Befestigungsanlagen.

Als im viktorianischen England des späten 19. Jahrhunderts Farn zur Mode-Zierpflanze avancierte, begann man sich auch in den fernen Kolonien umzusehen. Die beiden Aucklander Eric Craig und Thomas Cranwell sollen sich damals goldene Nasen verdient haben mit der Versendung gepresster Farne – Trockenfutter für die Alben begeisterter Sammler.

Zusammenleben der polynesischen und europäischen Einwanderer gleichberechtigt regeln sollte. Damals glaubten die Maori noch, dass dieser Treaty of Waitangi ein Segen für ihr Volk wäre. Doch schon vier Jahre später schlug der Optimismus in wütende Enttäuschung um, weil mehr und mehr Stammesland von europäischen Siedlern okkupiert wurde, ohne dass die Kolonialregierung einschritt. Zudem machte sich Kritik an der Übersetzung des Vertragstextes in Maori-Sprache breit: bis heute ein Stein des Anstoßes und 1975 Anlass für die Gründung des Waitangi-Tribunals, um Landansprüche der Maori im Einzelfall zu untersuchen. Der Schauplatz der umstrittenen Vertragsunterzeichnung unweit von Paihia wird trotzdem als „Waitangi Treaty Grounds“ in Ehren gehalten – nur am 6. Februar, dem zum Nationalfeiertag erklärten „Waitangi Day“, stören Maori-Protestler hier gern das festliche Protokoll und kommen damit alljährlich in die Medien.

MEGASTRÄNDE UND RIESENBÄUME

Neuseelands nördlichste Festlandsprovinz erstreckt sich vom Isthmus von Auckland 381 Kilometer nach Nordwesten: Wer die Strandparadiese des Northland in ihrer Gänze erleben möchte, muss die lange, streckenweise monotone Fahrt auf dem State Highway 1 auf sich

Weit reicht der Blick vom Cape Reinga bis zum Cape Maria van Diemen.

BEI DER ANKUNFT DER ERSTEN EUROPÄER BEDECKTEN DICHTE REGENWÄLDER DEN NORDEN DER NORDINSEL.

nehmen – am besten bis ganz hinauf in die Spitze der Nordinsel, wo ein strahlend weißer Leuchtturm Cape Reinga markiert. Der Rundumblick ist atemberaubend: Strand, so weit das Auge reicht. Hinunter zur feinsandigen Sichel der Spirits Bay windet sich eine unbefestigte Straße. Über den Ninety Mile Beach, mit 89 Kilometern längster Strand Neuseelands, brettern bei Ebbe geländegängige Ausflugsbusse und Four-wheel Drives.

Bei der Ankunft der ersten Europäer bot die hiesige Landschaft kaum Weitsicht: Ausgedehnte Regenwälder bedeckten den Norden der Nordinsel. Doch schon bald lichtete der Rodungswahn der frühen Siedler die Vegetation. Zu reizvoll war die enorme Holzqualität – und der gerade gewachsene Stamm riesiger Kauribäme, wie geschaffen für die Masten der Segelschiffe. Das Harz der Nadelbäume war nicht minder begehrt: Kauri Gum diente zunächst als Rohstoff für Lacke, später auch für Linoleum. Gerodet wurde bis weit ins 20. Jahrhundert, erst seit 1985 sind die Kauri-Bäume für die Holzwirtschaft tabu.

Um so tragischer, dass seit einigen Jahren ein schnell um sich greifender Pilzbefall, „kauri dieback disease" genannt, das Aus für die Vegetation bedeuten könnte. Auch „Tane Mahuta", der mit über 51 Metern höchste Kauri Neuseelands, von den Maori als „Gott des Waldes" verehrt, ist bedroht. Touristen müssen jetzt Reinigungsstellen passieren, um mit ihren Schuhen den Pilz nicht weiter zu verbreiten.

WELCOME TO COROMANDEL

Viele ältere Kiwis, wie sich die Neuseeländer selbst gern nennen, verkaufen ihr Eigenheim in Auckland profitabel, auch, um mit der Differenz die oft kärgliche Rente in der Zukunft zu strecken. Sie ziehen zum Beispiel auf die Coromandel, eine Halbinsel mit schönen Buchten und bezaubernden Badestränden zwischen hübschen Feriensiedlungen an der Ostseite, im Westen charmante viktorianische Ortschaften aus der Ära reicher Goldfunde – und mittendrin eine Berglandschaft, die zu Wanderungen durch dichten Regenwald animiert.

Aber auch auf der Coromandel Peninsula wurden die Kauri-Bestände weitgehend vernichtet. Einer, der das nicht hinnehmen wollte, war Barry Brickel. Der eigenwillige Kunsthandwerker und Naturliebhaber, 2016 verstorben, begann in den 1970er-Jahren auf seinem Anwesen bei dem Ort Coromandel mit der Aufforstung einheimischer Arten, darunter Kauris. Hilfreich war eine eigenhändig über Viadukte angelegte Schmalspurbahn: die Driving Creek Railway, längst eine touristische Hauptattraktion. Berühmter ist der Hot Water Beach bei Hahei, wo bei Ebbe heiße Thermalquellen aus dem Strand sprudeln.

Am Cape Reinga, so glauben die Maori, nehmen die Seelen ihrer Verstorbenen Abschied, um sich in die sagenhafte Urheimat Hawaiki aufzumachen.

Geschnitzte Ahnenfigur auf der Coromandel Peninsula: Die Farbe Rot ist den Maori heilig, weil sie das Blut aus den Wunden von Mutter Erde und Vater Himmel symbolisiert, die aufgerissen wurden, als sie im Schöpfungsakt der Erde voneinander getrennt wurden. Zum Glück, so der versöhnliche Schluss dieser Maori-Legende, überdauerte die Liebe der beiden die gewaltsame Trennung.

Von oben nach unten: Leuchtturm am Cape Reinga, Sandboarding am Ninety Mile Beach, (Aus-)Flug mit Salt Air von Kerikeri zum Cape Reinga

Essen und Trinken

ENJOY YOUR MEAL!

Neuseeland hat keine jahrhundertealte kulinarische Tradition wie etwa Frankreich. Dafür gibt es hier eine breite Palette appetitlicher Multikultiküchen. Hin und wieder sollte man aber auch mal die typische Kiwi-Kost probieren.

Süße Sünden mit Zimt: verführerisch dargeboten in der Auslage eines Cafés

Zugegeben, den transparenten Larven forellenähnlicher Süßwasserfische ist nicht anzusehen, dass sie – in verquirltem Ei gebraten – als „Whitebait Fritter" oder „Whitebait Patty" den Neuseeländern auf der Zunge zergehen. Europäische Gaumen finden sie relativ geschmacksneutral, und doch handelt es sich hier nicht um eine preiswerte Spezialität: Das Kilo kostet inzwischen bis zu 140 Neuseeland-Dollar (NZ$), Whitebait stammt von der West Coast. Dort wird er gefangen, wenn die Schwärme im Frühling vom Meer die Flüsse hinaufwandern. Schon die Maori hatten die Mini-Fische auf ihrem Speiseplan.

FISCH & CO.

Speisefische aus dem Meer haben in Neuseeland kurze Wege und kommen in der Regel recht fangfrisch in die Fritteusen der vielen Fish & Chips Shops. Man bestellt Gurnard, Tarakihi oder Cod an der Theke und wartet, bis dahinter die Filets in Panade ausgebacken sind und mit den Pommes frites in Papier eingeschlagen werden. Gegessen wird mit den Fingern aus der Packung, möglichst irgendwo am Strand, mit Salz in der Luft und Brandung im Ohr. Selbst Austern landen in der Fritteuse, manchmal sogar die fleischigen, sensationell guten Bluff Oysters, die es zwischen März und August gibt. Das Gleiche geschieht mit heimischen Muscheln, deren bissfestes Fleisch zuvor zerkleinert und zu „Patties" verarbeitet wurde. Wer Sushi und Sashimi vorzieht, findet in Neuseeland sein Paradies – und staunt, wie (relativ) preiswert der Japan-Snack angeboten wird.

BARBIE & BUFFET

Selbst ist der Kiwi-Mann – vor allem am heimischen Grill, wenn Gäste geladen sind und Berge von Fleisch auf dem Rost garen. Nebenan das Buffet aus Beilagen, Brot und Salaten – fertig ist die „Gardenparty", sofern das Wetter mitspielt. Lammfleisch ist Standard, Rindfleisch angesagter bei denjenigen, die sich hochpreisiges Filet oder „Ribeye" (Entrecote) leisten können. Die Fleischpreise im Handel sind ziemlich happig, dabei wird qualitativ hochwertiges Fleisch vorwiegend exportiert und gelangt so seltener auf den inländischen Markt. Alternativ zum Rind hat „Venison" Grill und Küche erobert: Das Fleisch von gezüchtetem Rotwild ist ungemein zart und schmeckt überhaupt nicht wild. Auch „Chicken" ist allgegenwärtig, ob auf dem Grill, im Salat oder dem Pausenbrot.

Gleich wird aufgetischt: Mit einem Lächeln serviert, schmeckt die neuseeländische Multikultiküche gleich noch viel besser.

Oben und rechte Seite: Austern satt gibt es in der neuseeländischen Küche – und gern auch frittiert.

FINE DINING

Wer im Restaurant am weiß eingedeckten Tisch Platz nimmt, darf beim Blick auf die Speisekarte nicht erschrecken: Ein Hauptgericht kostet hier schon mal um die 40 NZ$. Sei's drum: Meist gibt es einen Anlass zu feiern, eine Hochzeit oder einen Geburtstag. Da wird auch nicht am Wein gespart und gern mal eine Flasche von der Karte bestellt. Ansonsten bevorzugen die preisbewussten Kiwis mit „byo" (meist: „wine only") ausgewiesene Restaurants. Diese gestatten dem Gast, gegen eine geringe Gebühr („corkage") seinen eigenen Wein mitzubringen; sie öffnen die Flasche und stellen die Gläser – ein Relikt aus Zeiten, als Restaurants über keine Alkohollizenz verfügten. Wasser aus der Leitung wird übrigens kostenlos gereicht: Sie müssen nur nach „tap water" fragen.

CHEERS!

Innerhalb weniger Jahrzehnte haben sich die Neuseeländer zu echten Weinkennern gewandelt. Hervorragende Tropfen reifen praktisch vor der Haustür, in den ergiebigen Weinanbaugebieten auf der Nord- und Südinsel. Das Bier fließt dagegen schon viel länger in Strömen: Bereits in den 1770er-Jahren versuchte sich James Cook hier in der Braukunst. Den Höhepunkt erreichte der Bierkonsum während der 1950er-Jahre, als Bier im Pub zu Spottpreisen ausgeschenkt wurde. Heute beherrschen Steinlager, Speight's und Tui den Markt, daneben kreieren an die 220 Kleinbrauereien (Boutique Breweries) eigene Geschmacksrichtungen.

ROOM FOR DESSERT?

Neuseeländischer Nachtisch macht in der Regel mehr als satt: cremegefüllte Teigwaren, schwere Kuchen, viel Schokolade, Nougat und Sahne. Als zuckersüße Nationalspeise gilt die Pavlova, eine mit Früchten und Sahne angereicherte Baisertorte. Namensgeberin war die russische Ballerina Anna Pawlowa, die Ende der 1920er-Jahre durch Neuseeland und Australien tourte. Und mit etwas Fantasie erinnert die kreisrunde Baisermasse tatsächlich an ein luftiges Ballett-Tutu. Noch lieber aber essen die Kiwis „icecream": Nirgendwo sonst wird mehr Speiseeis verzehrt. Den Geschmäckern wie der Farbgebung sind dabei kaum Grenzen gesetzt – vom grellgrünen Pfefferminzeis bis zum orange gepunkteten „hokey pokey" (mit Karamellstückchen versetztes Vanilleeis) und vielen weiteren Varianten. Junge Eismacher setzen verstärkt auf Bio-Rezepte ohne Geschmacksverstärker und künstliche Farbstoffe: Gut, aber auch teu(r)er.

Gut informiert

Maori-Food, Vegetarisches & Co.
www.teara.govt.nz/en/maori-foods-kai-maori – Umfangreiches Wissen zu Maori Food.
www.cuisine.co.nz – Neuseelands führendes Food-Magazine.
www.vegetarians.co.nz – Hier finden Vegetarier Restaurants, Einkaufsmöglichkeiten und Rezepte.
www.nzherald.co.nz/eatwell – Originelle Rezepte und Listen mit den besten Restaurants und Bars in Auckland.
www.eatnewzealand.nz – Tolle Seite mit vielen kulinarischen Tipps und Wochenmärkten.
Für Kaffeeliebhaber
https://nzcra.org.nz – Alle neuseeländischen Kaffeeröster sind hier vereint, auch Hinweise auf Events.
Für Weintrinker
https://winesofnz.com/ – Weiß alles über neuseeländischen Wein, ebenso wie www.wine-searcher.com.
Für Biertrinker
www.brewersguild.org.nz – Präsentiert jährlich die besten Brauer und Brauereien des Landes.

Ob mit frischer Zitrone oder cremigem Dip oder sowohl als auch – frisch frittiert ist auf Neuseelands Nord- wie Südinsel beliebt.

Maßstab 1:2.200.000
0
40 km
PACIFIC OCEAN
North Auckland
Peninsula
Aupouri
Peninsula
NORTH
ISLAND
Three Kings Islands
Great Island
South West Island
North Cape
Cape Reinga
Spirits Bay
Ninety Mile Beach
Great Exhibition Bay
Cape Karikari
Karikari Peninsula
Doubtless Bay
Whangaroa Harbour
Cavalli Islands
Bay of Islands
Cape Brett
Waitangi
Russell
Paihia
Kerikeri
Poor Knights Is.
Whangarei
Hen and Chickens Is.
Waipoua Kauri Forest
Dargaville
Kaipara Harbour
Great Barrier I.
Little Barrier I.
Hauraki Gulf
Waiheke I.
AUCKLAND
Coromandel
Cathedral Cove
Hot Water Beach
Peninsula
Coromandel Ra.
Firth of Thames
Thames
TAURANGA
HAMILTON
Hobbiton Movie Set
Raglan Harbour
Waikato River
11
12
13
14
Auckland
Maßstab 1:25.000
0
400m
Westhaven Boat Harbour
St. Marys Bay
Freemans Bay
MECHANICS BAY
FREEMANS BAY
ST. MARYS BAY
Fanshawe Street
Quay Street
Queen Street
Victoria Park
Albert Park
Auckland Domain
Ponsonby Road
Karangahape Road
Grafton Bridge
The Strand
1
2
3
4
5
6
7
8
9
10

EIN HOCH AUF DEN NORDEN

Auckland ist so etwas wie Neuseeland im Hochglanzformat. Doch gleich hinter der Stadtgrenze macht sich ländliche Idylle breit: sowohl für das Northland als auch für die Coromandel Peninsula empfehlen sich Rundfahrten entlang der Küsten – mit tollen Natur- und Stranderlebnissen.

❶ – ❿ Auckland

Über 1,7 Mio. Menschen leben in der größten Stadt Neuseelands, Tendenz steigend. Das sind mehr als ein Drittel aller Neuseeländer. Dementsprechend viel ist hier geboten, ob kulturell, sportlich, kommerziell oder gastronomisch. Die Innenstadt lässt sich bequem zu Fuß erobern, mit dem Hop On Hop Off Explorer Bus (www.explorerbus.co.nz) kann man die meisten Sehenswürdigkeiten gut erreichen. Mit CityLink-, InnerLink-, OuterLink- und TamakiLink-Bussen ist man in der Stadt am bequemsten unterwegs (www.at.govt.nz).

SEHENSWERT/MUSEEN
Hoch über die Dächer Aucklands ragt der ❶ **Sky Tower** mit dem Edelrestaurant Orbit 360° Dining, Café und Cocktailbar sowie dem Main Observation Deck samt atemberaubender Rundumsicht. Nervenkitzel pur versprechen der Sky Walk draußen und der Sky Jump in die Tiefe. Unten kann man sein Glück im angeschlossenen Casino Sky City versuchen (Ecke Victoria/Federal St., www.skycityauckland.co.nz). Oder im Weta Workshop Unleashed (Convention Centre, Level 5/88 Federal St., www.wetaworkshopunleashed.com) in eine Welt aus Film und Filmeffekten eintauchen.
Ein Spaziergang über die ❷ **Parnell Road** vermittelt eine Ahnung vom kolonialen Auckland. Stilvoll, aber nicht stilecht ist das niedliche Einkaufszentrum mittendrin: Parnell Village wurde in nostalgischer Schwärmerei erst Mitte des 20. Jahrhunderts erbaut.
Im Stadtteil Ponsonby, vor der gediegenen Kulisse hübsch restaurierter, meist weiß gestrichener Wohnhäuser, sorgt die ❸ **Ponsonby Road** mit exklusiven Designern, schrillen Läden, Szenecafés und angesagten Restaurants für pralles Leben (v. a. rund um das Ponsonby Central mit attraktiver Markt- und Restaurantszene, Ecke Ponsonby/Richmond Roads, www.ponsonbycentral.co.nz). Wer den 196 m hohen **Mount Eden** erklimmt, wird mit einem grandiosen 360°-Blick belohnt (250 Mt. Eden Rd., tgl. 7.00–20.30 Uhr, Winter bis 19.00 Uhr, ca. 15 Min. zu Fuß ab Parkplatz am unteren Ende der Puhi Huia Rd.). In **Kelly Tarlton's Sea Life Aquarium** tauchen Sie trockenen Fußes ab in die südpazifische Unterwasserwelt, blicken Haien, Mantarochen und Meeresschildkröten in die Augen. Das angeschlossene **Antarctic**

Oben: Vor den Glas- und Chromriesen der City behauptet das Ferry Building an der Queens Wharf einen eigenen architektonischen Stil. Rechts: Werft am Wynyard Quarter, Fischmarkt.

Ice Adventure, mit echten Pinguinen in einer nachgebildeten Südpollandschaft, ist eher etwas für Kinder (23 Tamaki Dr./Orakai Wharf, tgl. 9.30–17.00 Uhr, www.kellytarltons.co.nz).
Am Rand des schön angelegten **Albert Park** beherbergt die ❹ **Auckland Art Gallery** die bedeutendste Sammlung neuseeländischer Kunst (Ecke Wellesley/Kitchener St., tgl. 10.00 bis 17.00 Uhr, www.aucklandartgallery.com).
Umgeben vom gepflegten Grün der **Auckland Domain** bewahrt das ❺ **War Memorial Museum** eine reich bestückte Maori-Sammlung (Victoria St. West, tgl. 10.00–17.00 Uhr, www.aucklandmuseum.com). Um die Mittagszeit bekommen Besucher authentische Maori-Folklore geboten (tgl. 11.00, 12.00, 13.30, im Sommer auch 14.30 Uhr). An der pulsierenden **Waterfront,** unweit von Jachten, Rennbooten und monströsen Cruise Ships, macht das ❻ **New Zealand Maritime Museum** neugierig auf die abenteuerliche Seefahrtsgeschichte im Südpazifik (Ecke Quay/Hobson St., tgl. 9.00 bis 17.00 Uhr, www.maritimemuseum.co.nz).

ERLEBEN
Lohnende Inselhüpfer als Tagesausflug – alle Personenfähren (Fullers, Tel. 09 36 79 111, www.fullers.co.nz) verkehren am historischen ❼ **Ferry Building**, auch die zum gemütlichen Stadtteil Devonport. Besonders interessant sind Rangitoto Island (Wanderparadies für Naturfreunde), Waiheke Island (für Sonnenliebhaber und Strandläufer, Gourmets und Weintrinker, Kunst- und Kunsthandwerkinteressierte), Tiritri Matangi (einmaliges Naturschutzgebiet, in dem die einheimische Vogelwelt wieder in Ordnung ist). Ein Segeltörn zeigt die schönsten Seiten des tief ins Land schneidenden **Waitemata Harbour** – und nimmt an Bord einer schnittigen America's-Cup-Jacht richtig Fahrt auf (ab 13 Viaduct Harbour, Dauer: 2 Std., www.exploregroup.co.nz).

EINKAUFEN
Zentrale Shopping-Meile ist die ❽ **Queen Street,** flankiert von feinen Designer-Läden auf der High Street. Exklusiv auch die Outlets hinter dem ❾ **Britomart** (Britomart Place, www.britomart.org) und im Shopping-Palast ❿ **Commercial Bay** (www.commercialbay.co.nz). Die populärsten Einkaufszentren heißen **St. Lukes** (www.westfield.co.nz/stlukes) und **Sylvia Park** (www.sylvia.org).

RESTAURANTS UND UNTERKUNFT

Das €€ **Swashbucklers** (23B Westhaven Dr., tgl. ab 11.00 Uhr, www.swashbucklers.co.nz) ist eine gemütliche „Seemannskneipe" mit schmackhafter Fisch-Küche am Jachthafen. Imbisswagen mit Tradition: Seit über 70 Jahren macht € **The White Lady** (18 Commerce St., Mo.–Do. 18.00–4.00 Uhr, Fr.–So. durchgehend, www.thewhitelady.co.nz) bis in die frühen Morgenstunden satt und ist stolz auf die angeblich besten Hamburger der Stadt.

Alle Zimmer mit Blick aufs Wasser und die Harbour Bridge: Vom €€/€€€ **Hotel M'Social** (196-200 Quay St., 190 Zi., www.millennium hotels.co.nz) ist es nur ein Sprung zur pulsierenden Gastroszene der Stadt.

Der € **Takapuna Beach Holiday Park** (22 The Promenade, Takapuna, www.takapunabeach holidaypark.co.nz) liegt exklusiv im schicken Stadtteil Takapuna und direkt am Wasser, mit Blick auf Rangitoto Island.

UMGEBUNG

Die Fahrt durch den Westen der Stadt führt zum ursprünglichen Waldgebiet der **Waitakere Ranges** (ca. 30 km) mit imposanten Kauri-Giganten (fast alle Wanderwege sind wegen der „kauri dieback disease" gesperrt, s. S. 32) und endet an der Tasmanischen See, wo wilde Surfwellen vor fantastischen Strandkulissen aufschäumen: **Piha Beach** und **Karekare Beach**. Weiter nördlich, oberhalb des Muriwai Beach (ca. 40 km), lässt sich eine riesige Tölpelkolonie („gannets") aus nächster Nähe beobachten (www.aucklandcouncil.govt.nz/parks).

INFORMATION

i-Site, Sky City, Ecke Victoria/Federal Sts., Tel. 09 3 63 71 80, www.aucklandnz.com

Tipp

Beach Hopping

Sandweich schmiegt sich die Coromandel-Küste an den Pazifik. Also nichts wie hin zu den Traumstränden – alle verschieden, aber jeder den (beschilderten) Abzweig vom SH 25 wert:

Buffalo Beach: Stadtnahe Badebucht von Whitianga, sanfte Wellen und viel Platz.

Cooks Beach: Bevorzugter Ankerplatz des gleichnamigen Neuseeland-Entdeckers und bis heute goldgelb.

Cathedral Cove (Abb. u.): Felsige Strandkulisse wie aus dem Urlaubsprospekt – da ist der halbstündige Fußmarsch hinab schnell vergessen.

Hahei Beach: Sand wie weißer Puder, davor türkisfarbene Wogen, dahinter ein Campingplatz in Bestlage.

Hot Water Beach: The hottest place to be, wenn bei Ebbe heiße Quellen aus dem Sand blubbern und ein Spaten hilft, den Private Pool auszuheben.

Oben: Muscheln und Austern in Coromandel. Rechts: im Anflug über der Coromandel Peninsula. Darunter: in der Bay of Islands.

⓫ Whangarei

Die aufstrebende Kleinstadt empfängt die Besucher als „Tor zum ›Northland‹": Es ist die letzte urbane Bastion für amtliche Erledigungen, größere Einkäufe oder Arztbesuche. Touristen kommen vor allem wegen der hübschen Marina im Zentrum.

SEHENSWERT/MUSEUM

Fast alle möglichen Farm-Varianten präsentiert **Botanica Whangarei** (2 First Ave., tgl. 9.00 bis 16.00 Uhr, www.gardenstovisit.co.nz/public-gardens/botanica-whangarei.aspx). Die größte Uhrensammlung der südlichen Hemisphäre tickt in **Claphams Clock Museum** (Town Basin, Dent St., tgl. 9.00–17.00 Uhr, www.clap hamsclocks.com). Und in der Nachbarschaft am Town Basin wurde 2022 feierlich das **Hundertwasser Art Centre** eröffnet, als letztes vom Künstler skizziertes und autorisiertes Gebäude. Friedensreich Hundertwasser war 22 Jahre zuvor verstorben und im Northland beigesetzt worden. Unter dem begrünten und markant gestalteten Dach sind an die 50 Originalwerke zu sehen (Mo.–Sa. 10.00–17.00 Uhr, www.hundertwasserartcentre.co.nz).

UMGEBUNG

Nordöstlich, etwa 30 Min. Fahrtzeit entfernt und gut ausgeschildert, erstreckt sich die **Tutukaka Coast,** ein auf Wassersport und Freizeit eingestellter Küstenabschnitt mit famosen Stränden und freundlichen Ferienorten. Zentraler Ausgangspunkt ist die Tutukaka Marina, nördlich davon liegen die schönsten Badeplätze in der Sandy Bay, Matapouri Bay oder Whale Bay.

INFORMATION

i-Site, 92 Otaika Rd., Whangarei, www.whangareinz.com/i-site

⓬ Paihia und die Bay of Islands

Eine freundliche Sommerfrische und mit guter touristischer Infrastruktur, um die Bay of Islands kennenzulernen. Während der Hochsaison (Dez./Jan.) sollte man reserviert haben.

SEHENSWERT

Auf dem Gelände der **Waitangi Treaty Grounds** TOPZIEL (Tau Henare Dr., Waitangi, tgl. 9.00–19.00, im Winter bis 17.00 Uhr, www. waitangi.org.nz) kann man leicht einen halben Tag verbringen – inklusive Multimediashow und Picknick auf dem Rasen oberhalb der Bucht, wo am 6. Februar 1840 die Maori-Häuptlinge Platz nahmen, um das Zusammenleben mit den Europäern vertraglich zu regeln.

UMGEBUNG

Als wäre die Zeit stehen geblieben, empfängt das Dörfchen **Russell** auf der anderen Seite der Bucht. Ein Rundgang folgt der Strandpromenade zum schön restaurierten Pompallier House (tgl. 10.00–17.00 Uhr) und zum €€ **Duke of Marlborough** (35 The Strand, www.the duke.co.nz), einem urigen Gasthaus. Hin kommt man ab Paihia mit der Personenfähre (15 Min.) oder der Autofähre über Opua (Reisedauer insgesamt ca. 40 Min.). 210 km sind es bis zum **Cape Reinga** im Norden. Hin und zurück ergibt das einen ausgefüllten Tagesausflug, den man mit einem delikaten Imbiss am € **Mangonui Fish Shop** TOPZIEL (Mangonui, Beach Rd.) unterbrechen sollte. Geführte Touren im 4wd-Bus befahren auch den **Ninety Mile Beach,** manche inkludieren Sandboarding – Surfen auf den Dünen bei **Te Paki** (Great Sights, www.greatsights.co.nz). Wohnmobil oder Zelt ermöglichen die Übernachtung an der Nordspitze auf dem wildromantischen € **Kapowairua Campsite** (Spirits Bay, keine Reservierung, www.doc.govt.nz). Keine Zeit für die Landpartie? Salt Air unternimmt

4,5-stündige Ausflüge ab Paihia mit einer ca. zweistündigen Landexkursion am Cape Reinga inklusive „sandsurfing" an den Te Paki Dunes (Salt Air, Marsden Rd., Paihia, Tel. 0800 47 25 82, www.saltair.co.nz).

INFORMATION
i-Site, Paihia, The Wharf, 69 Marsden Rd., Tel. 09 4 02 73 45, www.northlandnz.com

13 Waipoua Forest

Dank bester Beschilderung nicht zu übersehen im Dickicht des Waldes: **Tane Mahuta**, 52 m hoch, 13 m im Umfang und geschätzte 1250 Jahre alt – Rekordhalter unter den Kauri-Bäumen. Am Rand des SH 12 gibt es kurze Wanderwege, z. B. den **Lookout Track** (2 Std. retour) hinauf zum historischen Feuer-Ausguck mit super Ausblick. Alles Wissenswerte über Kauris, Holzwirtschaft und Kauri-Harzgewinnung vermittelt vorbildlich das **Kauri Museum** in Matakohe (ca. 100 km südöstl., 5 Church Rd., tgl. 9.00–17.00 Uhr, www.kau.nz).

INFORMATION
Waipoua Visitors Centre mit Campground, 1 Waipoua River Rd., im Süden des Waldes an SH 12, Tel. 09 414 39 64 45, http://teroroa.iwi.nz

14 Thames und Coromandel Peninsula

Die Küstenfahrt an der mit rot erblühenden Pohutukawas gesäumten Westseite der Coromandel Peninsula wird unterbrochen von Erinnerungen an vergangene Goldgräberzeiten, v. a. in Thames. Im Osten laden immer wieder Abstecher zu Badestränden ein. Die Kleinstadt Thames bewahrt eine ganze Reihe historischer Bauten aus dem goldreichen 19. Jahrhundert. Hin führt die bei der i-Site erhältliche Broschüre „Historic Walks of Thames". Beim Goldmine Experience (Main Rd., SH 25, Sommer tgl. 10.00–16.00 Uhr) dringen Besucher vor in die engen Schächte und Tunnels einer alten Mine und dürfen natürlich auch nach Gold suchen.

HOTEL/CAMPING
Am Traumstrand, nahe der Cathedral Cove, liegt der Campingplatz mit schönen Apparte-ment-Unterkünften (**€ Hahei Holiday Resort**, 41 Harsant Ave., www.haheiholidays.co.nz).

UMGEBUNG
Goldige Nostalgie erfüllt die Ortschaft **Coromandel** (ca. 50 km nördl.): geduckte Siedlerhäuschen, behagliche Cafés und hübsche Läden. Am nördlichen Ortsrand entführt die Driving Creek Railway (380 Driving Creek Rd., Abfahrt mehrmals tgl., www.drivingcreekrailway.co.nz) Touristen in den Regenwald.

INFORMATION
i-Site, Thames, 200 Mary St., www.thamesinfo.co.nz und www.coromandel.com

JA
NATÜR
LICH

FUN RIDES FÜR SURFIES

Wellenreiten am Bilderbuchstrand von Piha: Der Traum kann wahr werden, selbst für gänzlich Unerfahrene. Die Piha Surf School unterrichtet Anfänger ebenso wie Fortgeschrittene und Profis. Denn echte „Surfies" lernen nie aus.

Die Surf Instructors kennen sich aus mit dem Wellenspiel am Piha Beach: Mächtige Dünung mit Wind aus Südwest ist hier nichts für echte Könner. Aber gut für Anfänger und Fortgeschrittene, sofern sie in Strandnähe bleiben. Vom „fun ride" über 30 Wellen sind „beginners" zwar noch weit entfernt, doch schnell macht Surfen hier richtig Spaß: rein in den „wetsuit" – der Neoprenanzug hält warm im kühlen Wasser der Tasmanischen See – und rauf auf die Wogen! Für Après-Surf ist auch gesorgt.

Abends trifft man sich mit den „locals" im Piha Surf Life Saving Club (tgl. 10.00–22.00 Uhr, Tel. 09 8 12 88 96, www.pihaslsc.com) oder macht Party am Strand.

Kurse

Piha Surf School
138 Seaview Rd., Piha, Auckland,
Tel. 09 8 12 81 23,
www.pihasurfschool.com

Verkauf/Verleih

Am Ortseingang von Piha fertigen und verkaufen **Pam und Mike Jolly** richtig gute Surf Boards – und verleihen sie auch:
122 Seaview Rd., Tel. 09 8 12 87 23, www.pihasurf.co.nz

Rotorua & Zentrum

*

HITZIGE MITTELERDE

*

Wo die Nordinsel in die Breite geht, sich vom East Cape bis zum Mt. Taranaki im Westen erstreckt, ist Platz genug für landschaftliche Vielfalt: Zwischen wilden Urwäldern und sanften Grashügeln brodelt und zischt es aus Vulkanen, Geysiren und Thermalquellen – als natürliche Kulisse wie geschaffen für die „Herr der Ringe"-Filme.

Im „Wai-O-Tapu Thermal Wonderland" zwischen Rotorua und Taupo: Seit mehr als 160 000 Jahren zischt und brodelt es in diesem geothermischen Naturwunder.

Oben: Wasserflugzeuge von Volcanic Air am Ufer des Lake Rotorua.
Mitte und unten: „Cultural Experience" in Rotoruas Tamaki Maori Village

Linke Seite: Im üppigsten Grün präsentiert sich die Landschaft am Lake Tarawera.

Für die Familie Alexander kam das Glück mit dem Hubschrauber. Aus der Luft hatte der neuseeländische Regisseur Peter Jackson inmitten der saftig-grünen, sanft gewellten Schaffarm der Alexanders einen riesigen Makrokarpa-Baum entdeckt, perfekter Mittelpunkt für die Siedlung Hobbiton, Heimat der Hobbits und Sehnsuchtsort in Tolkiens Fantasy-Roman „Herr der Ringe". Nach den Dreharbeiten wurde die Filmkulisse entfernt, wie allerorten in Neuseeland. Aber dann klopfte das Glück noch einmal bei den Alexanders an – und diesmal blieb es. Für die Verfilmung von „The Hobbit" entstand Hobbiton (Hobbingen) erneut und ist nun das einzig verbliebene Filmset der beiden erfolgreichen Trilogien.

Seither stürmen Fantasy-Fans die beschauliche Farmlandschaft in der Nähe von Matamata, bestaunen die Hobbit-Behausungen (nur von außen) und die funktionsfähige Wassermühle mit benachbartem Gasthaus (von innen und außen). Sie fotografieren und fotografieren – und machten die Brüder Russell und Craig Alexander zu Millionären. Die aber blieben bei all dem Glück bodenständig und betreiben weiterhin ihre Farm mit immerhin 13 000 Schafen und 400 Rindern.

TANZ UM DEN VULKAN

Auch im Tongariro National Park wurde für den Weltbestseller „Herr der Ringe" gedreht. Angesichts der bizarren Szenerie aus schroffen Lavahängen, Aschefeldern, rauchenden Krateröffnungen und kriechender Vegetation bis ins Tal ist das kein Wunder. Wen stört da schon, dass hier vom Filmset nichts übrig blieb – der älteste Nationalpark Neuseelands ist auch ohne Tolkien eine Massenattraktion.

Jahr für Jahr machen sich Scharen von Menschen auf zum Tongariro Alpine Crossing, einer der populärsten Tageswanderungen Neuseelands. In der Hauptsaison sind es auf dem Vulkan manchmal so viele, dass sie in regelrechten Karawanen wandern und sich vor den wenigen Toiletten lange Schlangen bilden. Für

Blaue Stunde am Lake Taupo mit den Vulkanen des Tongariro National Park im Hintergrund

Reglementierung auf natürliche Art sorgt allerdings verlässlich das Wetter: Oftmals lässt es gar keine Wanderung zu.

Alternativen gibt es zur Genüge, etwa an den Hängen des Ruapehu-Vulkans, wo im Bergdorf Whakapapa Kurzwanderungen beginnen oder man den Aufstieg zum Krater in Angriff nimmt. Ob des Ansturms sehen Naturschützer den zum UNESCO-Welterbe zählenden Nationalpark in Gefahr. Wirtschaftliche Interessen der Tourismus-Branche und des Department of Conservation (DOC) stehen dagegen. Die Maori vom Stamm der Ngati Tuwharetoa jedenfalls haben das Gebiet im Jahr 1887 der britischen Krone vermacht mit der Auflage, diese faszinierende Natur zu schützen.

SCHWEFELDUFT IN DER LUFT

Kaum hat man den Stadtrand von Rotorua erreicht, riecht es nach faulen Eiern. Was so penetrant in die Nase steigt, sind Schwefeldämpfe aus dem Erdinnern, eindeutige Anzeichen für vulkanische Aktivität.

Wo heute die Wellen des Lake Rotorua friedlich plätschern, riss vor 240 000 Jahren eine gewaltige Eruption einen Riesenkrater auf – Teil der Taupo Volcanic Zone, die vom Mt. Ruapehu im Süden über Taupo und Rotorua bis nach White Island im Nordosten reicht. Der

Umwelt & Ökologie

Special

Der neue Rinderwahn(sinn)

Weltweit gibt es fünf Nationen, die mehr Rinder als Menschen zählen. Neuseeland gehört neuerdings dazu. Über zehn Millionen Rindviecher übertreffen die Einwohnerzahl auf den Inseln um mehr als das Doppelte. Knapp die Hälfte grast zwecks Fleischproduktion für den Export, die Nachfrage vor allem aus dem asiatischen und arabischen Raum ist enorm. Leider stoßen die Wiederkäuer beim Verdauen Methangase aus, die in der Massentierhaltung die Erderwärmung so richtig anheizen. An zwei Drittel aller landwirtschaftlichen Emissionen sollen derzeit Rinder schuld sein.

Doch damit nicht genug: Die Qualität neuseeländischer Süßwasser hat bereits enorm gelitten – wegen der intensiven Rinderwirtschaft, behaupten Umweltschützer. Ihnen zufolge ist diese verantwortlich für die Gewässerverunreinigung durch Exkremente: Ein Rind scheidet 15-mal so viel davon aus wie ein Mensch. Der Waikato River, Lake Taupo und Lake Rotorua gelten als stark belastet. Wissenschaftler befürchten, dass im Jahr 2050 keine einheimische Süßwasser-Fischart mehr überlebt haben könnte, vom Algenwachstum und mangelndem Trinkwasser ganz zu schweigen.

Noch scheint das Horrorszenarium durch strikte Umweltauflagen abwendbar zu sein – wenn diese denn bald kommen und eingehalten werden. Die über die Straße getriebene Schafherde aber hat schon heute Seltenheitswert.

Die Idylle lebt, aber sie trügt auch. Denn in den letzten Jahrzehnten wurden viele Schafe auf den neuseeländischen Weiden verdrängt: von Rindern, die den Farmern höhere Erträge bescheren.

Nördlich von Warkworth vermittelt Sheepworld (New Zealand Sheep and Wool Centre) einen guten Eindruck von der traditionellen neuseeländischen Schafwirtschaft – inklusive Schur und Weiterverarbeitung der Wolle.

Wanderer beim Tongariro Alpine Crossing, einer Tageswanderung im Tongariro National Park

Der Weg ist das Ziel – auch hier im Tongariro National Park.

600 Quadratkilometer große Lake Taupo füllt den Krater eines Supervulkans, der zuletzt vor rund 22600 Jahren ausbrach und das Land weithin mit einer 20 Zentimeter dicken Ascheschicht bedeckt hat.

Als zwischen Taupo und Rotorua der Mt. Tarawera eruptierte, war die Region längst besiedelt: In den frühen Morgenstunden des 10. Juni 1886 wurden die Bewohner von heftigen Erdstößen, feurigen Lava-Fontänen, Asche- und Rauchwolken bis in zehn Kilometer Höhe geweckt. Die Naturkatastrophe forderte über 150 Tote und zerstörte ein achtes Weltwunder: Von den Pink and White Terraces, damals berühmten Sinterterrassen, ist heute nichts mehr zu sehen. Vielleicht ruhen sie ja auf dem Grund des Lake Rotomahana, in 60 Meter Tiefe unter abgelagerten Sedimenten, wie Sonarmessungen vermuten lassen.

HEILWASSER UND ERDWÄRME

Die Maori vom Stamm der Te Arawa siedeln seit vielen Generationen dicht am Ufer des Lake Rotorua, wo es unablässig aus der Erde dampft. In der urigen Siedlung Ohinemutu, nur einen kurzen Fußweg vom Zentrum entfernt, wird die Erdwärme vor der Haustür Rotoruas wie eh und je zum Kochen, Baden und Waschen genutzt. Die pittoreske Dorf-Szenerie rund um das mit Schnitzereien reich verzierte Maori-Versammlungshaus Te Papaiouru Marae ist ein Touristenmagnet; der Ansturm ist den Einwohnern oft zu viel. Zwei heiße Quellen speisen das Kurbad bis heute: die Wasser der Priest

Der Tongariro National Park war die erste Welterbestätte, die zugleich wegen ihrer Natur und Kultur gewürdigt wurde. Für die hier ansässigen Maori hat das naturbelassene Areal eine enorme spirituelle Bedeutung.

Spring helfen bei rheumatischen und arthritischen Erkrankungen, die der Rachel Spring sind wegen ihrer antiseptischen Wirkung gut für die Haut.

DIE WILDE SEITE DER NORDINSEL

„Children of the Mist" werden die Maori genannt, die einst in den Urwäldern des Te Urewera National Park zu Hause waren. Tatsächlich durchziehen oft dichte Nebelschwaden das unwegsame Dickicht im Eastland. Wer hier auf Wanderpfaden unterwegs ist, erlebt die wilde Seite der Nordinsel. Und verspürt vielleicht auch die spirituelle Kraft, wie sie die einheimischen Maori vom Stamm der Ngai Tuhoe der Waldregion zuschreiben. Weil das stolze Naturvolk so abgeschieden lebte, kam es erst relativ spät in Kontakt mit den Europäern und bleibt bis heute lieber auf Distanz.

ALLES IM ÜBERFLUSS

Sonnig, fruchtbar, warm und wohlhabend: Die Bay of Plenty macht ihrem Namen alle Ehre. „Eine Bucht des Überflusses" soll der Seefahrer und Entdecker James Cook notiert haben, als er hier im Jahr 1769 vor Anker lag. Auf ausgedehnten Plantagen reifen heute alle möglichen Früchte, von Zitronen bis hin zu Avocados. Und vor allem Kiwis. Deren Ernte geht überwiegend in den Export.

EINE VERGESSENE WELT

Der 155 Kilometer lange Forgotten World Highway ist der aufregendste Weg in die entfernte Westecke der Nordinsel – von Taumarunui nach Stratford. Er folgt alten Maoripfaden durch frühes Siedlergebiet, das die Natur sich in weiten Teilen zurückerobert hat. Für die dramatischen Szenerien und historischen Spuren in der fast menschenleeren Hügellandschaft sollte man sich genügend Zeit nehmen. Unter den wenigen Einwohnern sind kauzige Typen wie die in Whangamomona: 1989 lebte nur noch eine Handvoll von ihnen hier am Highway, am 1. November rief man aus Ärger über eine Gemeindereform die Unabhängigkeit aus. Einen Pass der „Republic of Whangamomona" kann man bis heute im einzigen Gasthaus am Ort erwerben – und wenn es nur darum geht, beim alle zwei Jahre stattfindenden Republic Day als „Mitbürger" mitzufeiern …

Die ersten Einwanderer Neuseelands

ZWISCHEN TRADITION UND MODERNE

Die Maori sind ein selbstbewusster, kämpferischer Menschenschlag, der sich von den europäischen Kolonialisten nicht unterkriegen ließ, aber seinen Platz in der modernen Gesellschaft nach wie vor sucht.

Maori-Zeremonie für Touristen in Waitangi, wo einst der berühmt-berüchtigte Vertrag unterzeichnet wurde.

Beim Powhiri, dem traditionellen Begrüßungsakt in einem Marae, dem typischen Versammlungsplatz, geht es zu wie immer: Den gespielten Angriff mit martialischen Drohgebärden beendet ein melodischer Willkommensgesang der Gastgeber – die Besucher sind in guter Absicht gekommen. So mag es sich auch zigfach bei der Ankunft der Europäer im 19. Jahrhundert ereignet haben. Doch die friedfertigen Begegnungen schlugen schon bald in kriegerische Auseinandersetzungen um, als die Maori sich von den Pakeha – so ihre Bezeichnung für die Europäer – zunehmend verdrängt fühlten. Tatsächlich wurde mehr und mehr Stammesland besiedelt, das nach Maori-Verständnis nicht veräußerbar ist, weil es damals wie heute als Gemeinschaftsgut gilt.

EIN FOLGENSCHWERER VERTRAG

Als im Jahr 1840 immerhin 450 Häuptlinge den Treaty of Waitangi unterzeichneten, kam das einer Enteignung gleich: Verklausuliert wurde damit der englischen Krone die Souveränität in der Kolonie und das Vorkaufsrecht für Maori-Ländereien zugesprochen – was der (allzu freien) Übersetzung des Vertragstextes in die Maori-Sprache so konkret aber nicht zu entnehmen ist. Seit 1975 beschäftigt sich ein außerordentlicher Gerichtshof, das „Waitangi Tribunal", mit Landrechten und Rückforderungen. Immer geht es um Stammesland oder um Fischereirechte. Oder um den höchsten Berg Neuseelands: Die Ngai Tahu als größter und mächtigster Stamm auf der Südinsel einigten sich mit der Krone auf die Umbenennung in Aoraki Mount Cook. Mittlerweile werden immer mehr Bezeichnungen zusätzlich mit dem Maori-Namen versehen, z. B. von Ortschaften oder Gewässern. Bei den bislang erstrittenen Entschädigungen steht ein Gesamtwert von um die 2,8 Mrd. NZ$ im Raum.

Ein Riesenbatzen ging an einen Zusammenschluss von sieben Stämmen, denen 2008, nach 20 Jahren Verhandlung, ein kommerziell genutztes Waldgebiet im Innern der Nordinsel zuerkannt wurde. Wert: über 160 Mio. NZ$. Mehr Waldbesitz gibt es in ganz Neuseeland nicht. 2018 erhielten die Ngai-Tahu-Maori und die vom Stamm der Tainui zu-

Das „Zungezeigen" der Maori soll böse Geister abschrecken und Furchtlosigkeit symbolisieren. Eine volle Gesichtstätowierung zu tragen war früher nur den höchsten Anführern erlaubt.

Oben: im Rotorua Tamaki Maori Village

Links: im Te-Puia-Kulturzentrum in Rotorua

sammen zusätzliche 370 Mio. Dollar Entschädigung, also viel mehr, als ihnen Ende der 1990er-Jahre zugestanden worden war.

ÜBERLIEFERTE TRADITION

„Meine Ahnen kamen in einfachen Auslegerbooten, indem sie den Wind mit dreieckigen Segeln einfingen und den Weg mittels natürlicher Navigationshilfen fanden", weiß der Maori-Historiker Buddy Mikaere. Wobei das Naturvolk sein Wissen nur mündlich tradierte. Die wichtigste Erzählung der Maori ist die vom Seefahrer Kupe, der die neuseeländische Inselgruppe erreichte und seine Familie als erste

DU BIST EINGELADEN, DEINEN ÄRGER, DEINE UNZUFRIEDENHEIT UND DEINE FRAGEN MITZUBRINGEN, ABER WENN DU GEHST, NIMM FRIEDEN, GUTMÜTIGKEIT UND FREUNDSCHAFT MIT.

MAORI-SPRUCH

Oben: Im „Alphabet des Erinnerns und Bewahrens" (so die Neue Zürcher Zeitung) schreibt die Maori-Schriftstellerin Patricia Grace. Unten: Witi Ihimaera, Schriftsteller, Librettist und Filmemacher, in seinem Haus mit einer traditionellen Maori-Ahnenfigur.

Bewohner zurückließ. Eine Tochter hatte weit vor der Küste „he ao, he ao" gerufen – „eine Wolke, eine Wolke", weshalb die Maori ihre neue Heimat „Aotearoa" nannten, „Land der langen weißen Wolke".

Woher die ersten Einwanderer ursprünglich kamen? Auch dafür gibt es eine Legende: „Hawaiki" heißt ihre Urheimat, ein mythischer Ort irgendwo im Südpazifik ist es, an den die Seelen der Verstorbenen wieder zurückkehren. Gesichert ist allein, dass die Maori Neuseeland ab dem 13. Jahrhundert besiedelten, vermutlich in mehreren Einwanderungswellen. Warum sie das taten, bleibt allerdings nach wie vor ein Rätsel. Womöglich zwangen Kriege, Hungersnot oder Überbevölkerung zu dem Exodus.

MINDERHEIT: MACHT UND PROBLEM

An die 780 000 Neuseeländer bezeichnen sich heute als Maori, das sind ca. 17 Prozent. Ihre Sprache – Te Reo – ist die offizielle Landessprache neben Englisch und der Gebärdensprache. Wirtschaftlich sind einige Maori im Land inzwischen richtig gut aufgestellt. Den Stämmen, Iwi genannt, gehören Großunternehmen, Radio- und Fernsehsender, Tourismus ohne sie ist heute undenkbar. Der Maori-Wirtschaft wird derzeit ein Wert von rund 70 Milliarden NZ$ zugeschrieben, ein Wachstum von 60 Prozent in nur fünf Jahren. Diese positive Bilanz kann aber nicht darüber hinwegtäuschen, dass die Maori seit Jahrzehnten alle möglichen negativen Statistiken anführen: Sie erkranken häufiger, sterben früher, greifen öfter zu Drogen und werden häufiger kriminell. 2022 waren mehr als die Hälfte aller Insassen von Strafanstalten Maori. Berüchtigt ist der Mongrel Mob, eine mafiös strukturierte Straßengang, die im mittleren Abschnitt der Nordinsel ihr Unwesen treibt und viele aufwachsende Maori auf die schiefe Bahn bringt.

HALT IN DER FAMILIE

Die Kluft zwischen traditionellem Stammesleben und moderner Gesellschaft hat sich schon früh aufgetan, als immer mehr Maori in urbane Gebiete zogen. Den jungen Leuten fehlte bald die Großfamilie als Halt, traditionelle Werte gingen verloren, und den Anforderungen in modernen Berufen waren viele nicht gewachsen. Die Stämme müssen sich Vorwürfe gefallen lassen, die Förderung von Kindern und Jugendlichen vernachlässigt zu haben. So wird heute gefordert, dass für Kinder, die ihren Eltern entzogen werden, ein Platz im näheren Stammesverband gefunden werden muss, weil dieser traditionell eine wichtige Rolle bei der Erziehung einnehme.

Weiterführende Informationen

www.maoriparty.org.nz – Offizielle Seite der Maori-Partei mit Einblicken in aktuelle Problematiken.
www.tearawhiti.govt.nz – Das Office of Treaty Settlements dokumentiert den Stand von Verhandlungen zwischen Maori-Stämmen und der Regierung (www.govt.nz).
www.waitangitribunal.govt.nz – Sehr viele Details rund um die Vertragsauslegungen des Treaty of Waitangi.
www.maoritelevision.com – Zweisprachige Website des nationalen Maori-TV-Senders.

Für ihre Schnitzarbeiten benutzten die Maori ursprünglich vor allem Walknochen und das weiche Holz des Totarabaums.

NORTH
ISLAND
PACIFIC OCEAN
Bay of Plenty
Hawke Bay
North Taranaki Bight
South Taranaki Bight
AUCKLAND
HAMILTON
TAURANGA
Rotorua
Napier
Hastings
Gisborne
New Plymouth
Wanganui
Taupo
Lake Taupo
Cathedral Cove
Hot Water Beach
Peninsula
Coromandel Ra.
Firth of Thames
The Aldermen Is.
Slipper I.
Mayor I.
Karewa I.
Matakana I.
Motiti I.
Motohora I.
White Island
321
Mt. Maunganui
Hobbiton Movie Set
Pohutu Geysir
Buried Village
Wai-O-Tapu
Huka Falls
Waitomo Glowworm Caves
Kiwi House
Tongariro Nat. Park
Mt. Tongariro 1978
Mt. Ngauruhoe 2287
Mt. Ruapehu 2797
Mt. Egmont (Taranaki) 2518
Egmont Nat. Park
Whanganui Nat. Park
Te Urewera Nat. Park
Raukumara Range
Huiarau Ra.
Kaimanawa Mts.
Kaweka Ra.
Ruahine Range
Hauhungaroa Ra.
Matemateaonga Range
Maungaharuru Ra.
L. Waikaremoana
L. Rotorua
L. Tarawera
Mt. Tarawera 1111
Lake Waikare
Waikato River
Waikato Riv.
Raglan Harbour
Aotea Harbour
Kawhia Harbour
Manukau Harbour
East Cape
Cape Runaway
Mahia Peninsula
Table Cape
Portland I.
Cape Kidnappers
Cape Egmont
Poverty Bay
"Forgotten World Hwy"
Maßstab 1:2.000.000
0
40 km

GEYSIRE UND GLÜHWÜRMCHEN

Der zentrale Teil der Nordinsel trumpft mit einzigartigen Naturerlebnissen auf. Kleine Wunder liegen am Weg wie blubbernde Thermalteiche, schwefelgelb verbrämte Thermalquellen oder smaragdgrüne Kraterseen. Und kaum hat man die touristischen Hauptrouten verlassen, ist man auch schon allein mit sich und der herrlichen Landschaft.

1 Rotorua

Die Stadt am gleichnamigen See empfängt mit einer guten touristischen Infrastruktur – in Anbetracht der Reisegruppen aus aller Welt geht das wohl auch nicht ohne. Zu sehen und zu erleben gibt es in und um Rotorua eine Menge, vor allem Maori-Kultur hautnah. Etwa ein bis zwei Tage sollte man sich dafür Zeit nehmen.

SEHENSWERT/MUSEUM

Führungen über das Gelände von **Te Puia** (Hemo Rd., www.tepuia.com) zeigen Maori-Kultur und beachtliches Kunsthandwerk sowie die dampfenden, brodelnden und speienden Attraktionen des **Whakarewarewa Geothermal Valley** (tgl. zu jeder Std. zwischen 8.00 und 17.00 Uhr). Die Abendveranstaltung (Mai Ora) besteht im Wesentlichen aus ziemlich authentischer Folklore und einem Buffet im traditionellen Hangi-Stil, bei dem Fleisch und Gemüse in einer Art modernem Erdofen gegart werden (tgl. 18.00–21.00 Uhr). Ein Kombiticket verbindet beides. Noch etwas mehr Atmosphäre vermittelt Tamaki Tours in der dörflichen Atmosphäre des **Tamaki Maori Village** auf einem Marae, wie die polynesischen Zeremonialstätten genannt werden (www.tamakimaorivillage.co.nz). Zuletzt beherbergte das alte Bath House das **Rotorua Museum** (Government Gardens, www.rotoruamuseum.co.nz), bis Erdbebenschäden zur Schließung führten. Die Instandsetzung wird langwierig. Eine Wiedereröffnung des Museums ist für frühestens 2025 geplant. Bis dahin bleibt nur, draußen den eleganten Tudor-Baustil zu bewundern.

ERLEBEN

Mit etwas Glück schlüpft gerade ein Kiwi-Küken. So etwas passiert in **The National Kiwi Hatchery** (192 Fairy Springs Rd., Führungen durch die Kiwi-Aufzuchtstation nach Voranmeldung tgl. 8.30–14.00 Uhr, www.rainbowsprings.co.nz, 45 NZ$). Der ehemals angegliederte Tierpark Rainbow Springs bleibt allerdings bis auf Weiteres geschlossen.
Im **Polynesian Spa** (siehe „Unsere Favoriten", S. 20) kann man den Tag gut ausklingen lassen, z. B. bei einem „Mud Wrap".

INFORMATION

i-Site, 1167 Fenton Rd.,
Rotorua, Tel. 07 3 48 51 79,
www.rotoruanz.com

Oben: Zwischen Rotorua und Taupo zischt und brodelt es im Thermalgebiet Wai-O-Tapu. Rechts oben: St.-Faith's-Kirche in Rotorua. Darunter: am Hobbiton Movie Set.

2 Hamilton

Die viertgrößte Stadt Neuseelands hat mehr zu bieten, als die Lage im hier recht flachen Binnenland vermuten lässt. Für Wohlstand sorgt das fruchtbare Farmland drum herum, für junge Lebensart die renommierte University of Waikato mit über 40 000 Studenten. Entsprechend vielfältig ist das gastronomische Angebot: In der City empfiehlt sich die Victoria Street als zentrale Restaurant- und Kneipenmeile.

SEHENSWERT/MUSEUM

Die mit einer Livecam versehene **Riff Raff Statue** (230 Victoria St., www.riffraffstatue.org) erinnert an Richard O'Brien, den aus Hamilton stammenden Vater der kultigen „Rocky Horror Picture Show" (als Selfie-Motiv unschlagbar). Stolz präsentiert das **Waikato Museum of Art and History** (1 Grantham St., tgl. 10.00 bis 16.30 Uhr, www.waikatomuseum.co.nz) ein 200 Jahre altes Maori-Kriegskanu, Te Winika, das nach aufwendiger Restaurierung die auch sonst ansehnliche Maori-Abteilung schmückt.

UMGEBUNG

Cineasten wie Tolkien-Fans zieht es zum 45 Autominuten in südöstl. Richtung entfernten **Hobbiton Movie Set** (501 Buckland Rd., Hinuera, Matamata, tgl. verschiedene Touren, www.hobbitontours.com). Bis auf das gemütliche Gasthaus (Green Dragon) ist alles nur von außen zu sehen. Romantiker kommen, rund 75 km südwestl. von Hamilton entfernt, wohl kaum um die märchenhaft illuminierten **Waitomo Glowworm Caves** (39 Waitomo Village Rd., tgl. 9.00–17.00 Uhr, www.waitomo.com) herum. Die weit verzweigte, fabelhafte Unterwelt lohnt den Abstecher in die Karstregion. Drinnen geht es per Boot durch die Glühwürmchenpracht. Zu Fuß besichtigt man die mit stattlichen Stalaktiten und Stalagmiten dekorierte **Aranui Cave** (Führungen ab Visitor Centre, 39 Waitomo Village Rd., 9.00–16.00 Uhr). Abenteurer kommen beim **Lost World Tandem**-Abseil auf ihre Kosten und seilen sich 100 m in eine Höhle ab (www.waitomo.co.nz) oder lassen sich auf riesigen Reifenschläuchen durch das Höhlengewirr der **Ruakuri Cave** treiben (www.waitomo.com). Die beliebten Touren sollten im Voraus gebucht werden.
Mal wieder Meeresluft atmen? Dann nichts wie ab nach **Raglan!** Der kleine Küstenort mit den schwarzen Sandstränden ist nur 45 km in

Oben: Chateau Tongariro Hotel – Nobelhotel in Whakapapa am National Park. Links oben: Maori-Holzschnitzer Delani Brown in Taupo. Darunter: Badespaß im DeBretts Spa Resort.

westl. Richtung entfernt und gilt als Mekka der Surferszene. Profis toben sich in der **Manu Bay** aus, Anfänger bleiben besser am **Ocean Beach** (www.raglansurfingschool.co.nz).

INFORMATION
i-Site, Ecke Caro/Alexandra Sts., Hamilton, Tel. 0800 24 26 45, www.visithamilton.co.nz und www.waikatonz.com

3 Taupo

Hauptattraktionen des Districts sind der gleichnamige riesige See vor der Tür sowie der Tongariro National Park weiter südlich.

ERLEBEN
Fast 100 Jahre hat die „Barbary" auf den Planken und liegt immer noch schneidig im Wind: Die in Kalifornien gebaute Segeljacht schippert seit rund 30 Jahren Touristen über den **Lake Taupo** zu den Maori Rock Carvings (ab Taupo Harbour, tgl. 14.00 Uhr und nach Bedarf, www.sailbarbary.com).
Gut beschildert am SH 5 zweigt nördlich von Taupo der **Wairakei Tourist Park** ab und bringt Abwechslung in den Urlaubstag: Im **€€ Huka Prawn Park** (tgl. 9.00–16.00 Uhr, www.hukaprawnpark.co.nz) bekommt man Süßwassergarnelen aus eigener Zucht serviert, kann sie selbst fangen und die Farm besichtigen, während nebenan Jet Boats (Hukafalls Jet, tgl. 8.30–17.00 Uhr, www.hukafallsjet.com) zu rasanten Fahrten auf dem **Waikato River** starten. Badespaß bei jedem Wetter garantieren die natürlich aufgeheizten Pools im **DeBretts Spa Resort** (76 Napier-Taupo Rd., tgl. 8.30 bis 9.30 Uhr, www.taupodebretts.co.nz).
Als touristisches Zentrum des **Tongariro National Park** bietet das Bergdorf **Whakapapa** (Tongariro National Park Visitor Centre, www.doc.govt.nz und www.visitruapehu.com) am Ruapehu Unterkunft, Verpflegung sowie alle Infos für Bergtouren. Wer zum **Tongariro Alpine Crossing** (19,4 km, ca. 7 Stunden) aufbrechen will, sollte entsprechend ausgerüstet sein, den Bus-Transport buchen (Tel. 0800 11 76 86, www.tongarirocrossing.com) und das Wetter im Auge behalten.
Hinter Whakapapa endet die Bergstraße an Liftanlagen, die auch im Sommer in Betrieb und Ausgangspunkt für diverse Wanderungen und Kletterpartien sind, z. B. zum Kraterrand (www.mtruapehu.com/sky-waka). Geführte Wanderungen organisiert Tongariro Guided Walks (Tel. 0800 42 92 55, https://www.tongariroguidedwalks.nz).

INFORMATION
i-Site, Tongariro St., Taupo, Tel. 0800 52 53 82, www.greatlaketaupo.com

4 Tauranga

Am reizvollsten ist die prosperierende Hafenstadt im Vorort Mount Maunganui, wo schönster Pazifikstrand freizeitlich stimmt und im Sommer launige Seebadatmosphäre herrscht.

ÜBERNACHTEN
Direkt am Wasser liegt der **€ Mount Maunganui Beachside Holiday Park,** ein Campingplatz mit Cabins (1 Adams Ave, Tel. 07 5 75 44 71, www.mountbeachside.co.nz) und Salt Water Hot Pools nebenan.

UMGEBUNG
In der **Bay of Plenty** ist **Te Puke** so etwas wie das Zentrum des Kiwi-Anbaus. Während der Ernte (März–Mai) geht es auf der Plantage **Kiwifruit Country** richtig rund (tgl. Führungen, Paengaroa, Longridge Park am SH 33, www.kiwifruitcountry.com). Nette Ferienhäuser säumen den famosen **Ohope Beach** bei **Whakatane,** wo es bei der **Mataatua Cultural Immersion Experience** TOPZIEL (siehe „Unsere Favoriten", S. 66) authentische Maorikultur zu erleben gibt.

INFORMATION
i-Site, 95 Willow St., Tauranga, Tel. 07 5 78 81 03, www.bayofplentynz.com

5 Gisborne

„The first city to see the light" – so vermarktet Gisborne sich selbst als weltweit „erste Stadt, die den Sonnenaufgang des neuen Tages erblickt". Abgesehen davon ist das Stadtleben hier aber eher provinziell unspektakulär. Es gibt ein behagliches Zentrum mit guten Weingütern drum herum – und bedeutsame Historie: Am Kaiti Beach betrat James Cook am 9. Okt. 1769 als erster dokumentierter Europäer neuseeländischen Boden. Gisborne gehört zur Umrundung des East Cape auf dem Pacific Coast Hwy/SH 2 dazu und ist Ausgangspunkt für Ausflüge zum wilden Te Urewera National Park.

UMGEBUNG
Nur Frühaufsteher haben eine Chance, auf unasphaltiertem Abzweig vom SH 35 ab Te Araroa rechtzeitig das **East Cape** zu erreichen, um dort die rund 750 Stufen zum Leuchtturm (www.maritimenz.govt.nz/public/history/lighthouses/East-Cape) zu erklimmen (Taschenlampe nicht vergessen) und dort als erste Erdbewohner das neue Morgengrauen in allen Farben zu erleben – sofern das Wetter es zulässt. Als Übernachtungsplatz empfehlen sich in der Nähe der einfache **€ Te Araroa Holiday Park,** auch mit Zimmern (SH 35, Te Araroa, Tel. 06 8 64 48 73, www.teararoaholidaypark.nz), und der noch einfachere **€ East Cape Campground** auf einer großen Wiese (ca. 10 Min.

Tipp

Thermal-Parks

Zwischen Rotorua und Taupo wärmstens zu empfehlen:
Die zweistündige Wanderung durchs **Waimangu Volcanic Valley** TOPZIEL (587 Waimangu Rd., tgl. 8.30–17.00 Uhr, www.waimangu.co.nz), vorbei an geothermisch bedingten Naturphänomenen, lässt die „Welt draußen" vergessen.
Im farbenprächtigen Thermal-Areal des **Wai-O-Tapu Thermal Wonderland** (Abb. unten, 201 Waiotapu Loop Rd., tgl. 8.30–18.00 Uhr, www.waiotapu.co.nz) zeugt der blubbernde Mud Pool von einem riesigen Schlamm-Vulkan.
Der verwunschen anmutende **Orakei Korako Geothermal Park & Cave** (494 Orakeikorako Rd., tgl 8.00–16.30 Uhr, www.orakeikorako.co.nz) entführt mit einer Fähre ins Hidden Valley zu dessen faszinierenden Sinterterrassen.

Fahrzeit zum Leuchtturm). Seen und Berge in dicht bewaldeter Einsamkeit sowie ungezähmte Natur pur bietet der über 2000 km² große, 150 km in westl. Richtung von Gisborne entfernt liegende **Te Urewera National Park.** Durch das geschützte Areal führt ein gut ausgebautes Wanderwegenetz mit über 40 Hütten. Der **Lake Waikaremoana Track**, einer der neuseeländischen „Great Walks" (Infos: www.doc.govt.nz/great-walks), dauert am westlichen Seeufer entlang drei bis vier Tage. Neben dem Te Urewera Visitor Centre (Aniwaniwa, SH 38, Tel. 06 8 37 38 03, www.doc.govt.nz) beginnen sechs abwechslungsreiche Kurzwanderungen. Zu den Aniwaniwa Falls sind es 40 Min. hin und zurück. Camping mit Cabins und etwas Komfort bietet hier der **€ Waikaremoana Holiday Park** (Tel. 06 8 37 38 03, www.doc.govt.nz/waikaremoana-holiday-park).

INFORMATION
i-Site, 209 Grey St., Gisborne, Tel. 06 8 67 20 00, www.outeast.co.nz

6 New Plymouth

Das wirtschaftliche und touristische Zentrum der Taranaki-Region im äußersten Westen erfreut sich reizvoller dunkler Strände in der Nähe und blickt andächtig hoch zum schlummernden Krater des Mount Taranaki, der zu anspruchsvollen Bergwanderungen lockt.

MUSEUM
Puke Ariki (1 Ariki St., Mo., Di., Do., Fr. 9.00 bis 18.00, Sa./So. bis 17.00, Mi. bis 21.00 Uhr, www.pukeariki.com) heißt der moderne Komplex mit eindrucksvoll arrangierten Ausstellungen zu Natur und Historie der Region.

UMGEBUNG
Über 2500 m hoch und von erstaunlicher Symmetrie: Der **Mount Taranaki** steht im oberen Teil als **Egmont National Park** unter Naturschutz und bietet ein abwechslungsreiches Terrain für kurze und lange Wanderungen. So was wie die Kür ist der in vier bis fünf Tagen zwischen urwüchsigem Wald und steiler alpiner Szenerie wechselnde **Around the Mountain Circuit** (Okt.–April, www.doc.govt.nz). Als Hauptzugang fungiert das Ende der North Egmont Road, 30 Min. Fahrtzeit von New Plymouth entfernt (www.doc.govt.nz/parks-and-recreation/places-to-go/taranaki/places/egmont-national-park).
Im 40 km entfernten **Stratford** endet die Traumstraße des **Forgotten World Highway** (www.forgottenworldadventures.co.nz, 150 km südwestl. von Taumarunui). Dieser passiert die selbsterklärte unabhängige Republik **Whangamomona** mit dem gleichnamigen Hotel (Tel. 06 7 62 58 23, www.whangamomonahotel.co.nz), das auch eigene „Pässe" ausstellt (als Souvenir eine echte Rarität).

INFORMATION
i-Site, 1 Airiki St, Puke Ariki, Tel. 0800 63 97 59, www.visitnewplymouth.nz

WHALE STATT WHITE ISLAND

Weiße Dampfschwaden in der Ferne zeugen von einem aktiven Meeresvulkan vor Whakatane – aber auch von der heftigen Eruption am 13. Dezember 2019, bei der 22 Inselbesucher zu Tode kamen. Seitdem gilt White Island als No-go-Area. Dafür freie Fahrt nach Whale Island, auch Moutohora Island genannt, zum friedlichen Naturparadies nur zwölf Kilometer entfernt.

Das Schutzgebiet, längst frei von Ziegen, Katzen, Kaninchen, Ratten und anderen schädlichen Säugetieren, bewahrt Neuseeland pur: mit vielen einheimischen Pflanzen, Vogelarten und seltenen Reptilien, wie dem Tuatara. Obwohl Europäer in den 1830er-Jahren hier eine Walfangstation einrichteten, wurde kein einziges Tier vor der Küste gefangen. Vulkanische Aktivität kommt hier nur ganz sanft daher, in Form heiß sprudelnder Quellen, selbst am Strand.

Die ganze Insel ist ein Vulkan – und die Spitze eines marinen Gebirges: White Island.

Auf die Insel darf man nur mit Erlaubnis des Department of Conservation. Am besten, Sie schließen sich einer geführten Bootstour an. Die belohnt u. a. mit einer prächtigen Robbenkolonie und Thermal-Wellness in eigenhändig gegrabenen Natur-Pools.

White Island Tours

Check-in: White Island Rendezvous, 15 The Strand East., Whakatane, Tel. 0800 73 35 29, www.moutohora.co.nz

Insel-Tour: tgl., abhängig vom Wetter

Dauer: Vier Stunden dauert der Ausflug, bis zum Whale Island sind es etwa 15 Minuten mit dem Boot.

White Island Flights

Der einstündige Rundflug über das Küstengewässer lässt auf die bewaldete Whale Island und auf die schwefelige Vulkanszenerie von White Island blicken.

White Island Flights, ab Whakatane Airport, www.whiteislandflights.co.nz

Wellington & Süden

*

WELLEN, WOGEN, WELLINGTON

*

Die vielleicht schönste Reiseroute in die Südspitze der Nordinsel verläuft durch die Hawke Bay, wo die Brandung an der Steilküste nagt und die Art-déco-Architektur von Napier beschallt. Alternativ bleibt die Tasmanische See in Sichtweite, mit Stränden bis vor Wellington, das Eleganz, Selbstbewusstsein und Savoir-vivre umgibt.

Das eigene Land (be-)greifbar machen, auch für die Kleinsten: im Nationalmuseum Te Papa Tongarewa in Wellington.

„Beehive" (Bienenkorb) wird das kreisrunde neuseeländische Abgeordnetenhaus neben dem Parlamentsgebäude in Wellington genannt.

»WELLINGTON IST DIE COOLSTE KLEINE HAUPTSTADT DER WELT.«

Lonely Planet

Rund um die ausladende Hafenbucht streben dicht bebaute Hänge steil nach oben. Manche Wellingtonians, wie sich die Hauptstädter nennen, thronen wie in einem Adlernest zwischen Himmel und Erde, hoch über den Hochhäusern der City. Wen kümmern schon die unregelmäßig am Fundament rüttelnden Erdstöße oder am Dach zerrende Sturmböen eiskalter „Southerlies"? Solchen Naturgewalten trotzen die Hauptstädter erhobenen Hauptes und pflegen weiter ihre kultivierte Lebensart. Der Kaffeegenuss gehört in Wellington zur Kultur, ebenso wie gutes Essen – in keiner anderen Stadt Neuseelands gibt es so viele ausgezeichnete und preisgekrönte Restaurants. Die Lokale drängen bis dicht ans Wasser der weiten Hafenbucht, einige bieten herrliche Ausblicke auf den Fährverkehr zur Südinsel oder das muntere Treiben entlang der Promenade. Wellingtonians gehen gerne und häufig aus: am liebsten im Rudel freitags nach der Arbeit.

KNEIPENMEILE AM COURTENEY PLACE

Friday Night bedeutet den allwöchentlichen Ausnahmezustand, wenn die Gastroszene an der Oriental Parade bereits am Nachmittag die Sektkorken knallen lässt und rund um den Courteney Place Party bis in die frühen Morgenstunden herrscht. In den Warteschlangen vor den angesagten Bars und Discos harrt man selbst in kühlen Nächten aus, und der Alkoholkonsum scheint kein Maß mehr zu kennen. Das bedeutet nicht nur Stress für die Polizei, sondern auch für die Notaufnahmen der Krankenhäuser. Was tun gegen das verbreitete Koma- Saufen oder „binge drinking" am Wochenende? Ab 18 darf in Neuseeland Alkohol gekauft und konsumiert werden; Ausweise werden sowohl an der Supermarktkasse als auch an der Theke oder im Restaurant verlangt.

Vor ein paar Jahren hatte Wellington sogar erwogen, das gesamte Stadtgebiet zur „Liquor-free Zone" zu erklären, um Alkohol gänzlich aus dem öffentlichen Raum zu verbannen. Doch die drastische Maßnahme fand keine Mehrheit. So gilt ein „Liquor Ban" derzeit nur für einzelne Stadtteile wie City, Oriental Bay, Mount Victoria Lookout, Aro Valley, Mount Cook, Newtown, Central Park.

ES GEHT AUCH ANDERS

Für den deutlich kultivierteren Trinkgenuss wählen Wellingtonians am Wochenende bevorzugt Martinborough. Nicht dass es in der Hauptstadt selbst an kulinarischen Erlebnissen mit Wohlfühlcharakter mangelte. Im Gegenteil! Die ländliche Idylle im Nordosten jedoch,

Stadtbummel durch die Cuba Street: Der Abschnitt zwischen Dixon Street und Ghuznee Street wurde als Fußgängerzone eingerichtet.

Wellington Cable Car: Mit der Standseilbahn geht es vom Lambton Quay, der Haupteinkaufsstraße der Stadt, zum höher gelegenen Stadtteil Kelburn.

Panorama Wellington: „Windy City" wird die ganz im Süden der Nordinsel gelegene Stadt auch genannt, weil einem hier Winde vor allem aus westlicher und südlicher Richtung ordentlich um die Nase wehen.

Das im Jahr 1842 errichtete Gemeinschaftshaus „Te Hau Ki Turanga“ veranschaulicht heute im Nationalmuseum Te Papa Tongarewa in Wellington die Maori-Kultur.

Nomen est omen: Die Schriftstellerin Jane Tolerton stellt ihre schön restaurierte, unweit des Zentrums von Wellington auf einem Hügel gelegene viktorianische Villa, in der sie selbst wohnt, auch als „Booklovers B & B“ zahlenden Gästen zur Verfügung.

Savoir-vivre in Wellington: Italienisch inspiriert, serviert man im Aro Café in der gleichnamigen Straße Pappardelle mit Bolognese – und die Rinderwangen zergehen einem förmlich auf der Zunge.

Maritimes Graffiti: Das Parkhaus beim Nationalmuseum Te Papa Tongarewa zieren bunt bemalte Haifische.

jenseits der bis zu 940 Meter aufragenden Rimutaka Range, bietet Genussurlaub für Leib und Seele bei guter Luft und in entschleunigender Ruhe. Den niedlichen Ortskern von Martinborough füllen einladende Lokale und freundliche Läden, ausstaffiert für anspruchsvolle Gäste aus der Großstadt. Drum herum schmiegen sich die Rebenfelder von über 20 Weingütern, alle klein, aber fein, berühmt für ihre Roten. Manche behaupten, die besten Pinot noirs des Landes kämen von hier. Etwa die von „Ata Rangi", dessen Begründer Clive Paton hier als einer der Ersten Wein anbaute, zunächst auf einer steinigen Schafweide. Schon 1986 konnte er in einem angebauten Schuppen die ersten Tropfen abfüllen und nannte den Wein „Célèbre", noch heute als Verschnitt aus Cabernet/Merlot/Syrah erhältlich. Und weil heutzutage alles in und um Martinborough so behaglich nah beieinanderliegt, mietet man am besten ein Fahrrad für die Weinverkostung bei dem einen oder anderen Winzer und besucht unterwegs die Olivenplantage, deren kalt gepresste Öle anerkannt zu den besten Neuseelands zählen.

SCHÖNE ART-DÉCO-ENSEMBLES

Auch an der Ostküste weiter nördlich floriert der Weinanbau. Doch wird an der fruchtbaren und sonnenverwöhnten Hawke Bay nicht gekleckert, sondern geklotzt: Zwischen Rebenfeldern, so weit das Auge reicht, behaupten sich über 100 Weingüter, darunter die Mission Estate Winery als älteste in Neuseeland. Bereits Mitte des 19. Jahrhunderts haben französische Missionare mit der Weinproduktion begonnen. Gleichzeitig ließen sich hier erste Siedler nieder und begannen mit dem Aufbau von Napier – heute wunderschön anzuschauen als eine einzige Hommage an die Art-déco-Ära in der ersten Hälfte des 20. Jahrhunderts. Dazwischen bot die Stadt aber ein Bild der Verwüstung, hervorgerufen durch ein Erdbeben der Stärke 7,8: Es geschah an einem Dienstag, dem 3. Februar 1931 um 10.47 Uhr, als sich der Boden in der Hawke Bay aufbäumte und stellenweise bis zu 2,7 Meter angehoben wurde. Einstürzende Gebäude begruben Menschen unter sich, viele kamen bei den Feuersbrünsten um: 256 Menschen starben, fast doppelt so viele trugen schwere Verletzungen davon. Napier lag damals buchstäblich am Boden. Doch die Schockstarre währte nicht lange. Bereits zwei Monate nach dem Desaster füllten Einzelhandel und Dienstleister die provisorisch aufgestellten Wellblechbehausungen im Zentrum. Und schon im Januar 1933 konnte die Stadt mit dem „New Napier Week Carnival" ihre Wiederauferstehung feiern: mit verbreiterten Straßen und einheitlich in der hier gerade angesagten Art-déco-Architektur, so wie es die Stadtplaner gewollt hatten.

ZWISCHEN REBENFELDERN, SO WEIT DAS AUGE REICHT, BEHAUPTEN SICH DIE VIELEN WEINGÜTER.

FLUSSFAHRT IN DIE WILDNIS

Szenenwechsel zur anderen Seite der Nordinsel; dorthin, wo der Whanganui River breit und träge in die South-Taranaki-Bucht einfließt und die provinzielle Kleinstadt Whanganui vom Ufer aus ebenso träge dabei zuschaut. Im Sommer hebt üppiger Blumenschmuck auf der

Ein idealer Ausgangspunkt für die Erkundung des Südostens der neuseeländischen Nordinsel ist Napier: Hier, von einem Aussichtspunkt am Bluff Hill, reicht der Blick weit über die Dächer der Stadt bis hinaus auf die Hawke Bay.

„A Wave in Time" heißt eine zweiteilige Installation des neuseeländischen Künstlers Mark Whyte in der Emerson Street in Napier: Folgt man der Blickrichtung dieser Bronzeskulptur, sieht man unweit davon ein ebenfalls bronzenes Kind an einer Stange emporklettern und fröhlich zurückwinken.

Geführte Tour im Art Deco District: Napier besitzt eines der weltweit schönsten in diesem Stil errichteten Stadtensembles aus den 1930er-Jahren.

Kellermeisterin Helen Masters mit Gerry Rodman, dem Manager des Weinguts Ata Rangi, in Martinborough, wo edelste Tropfen gedeihen.

Special

Film-Nation Neuseeland

Von „Wellywood" in die Welt

Seit der Kiwi-Regisseur Peter Jackson die „Herr der Ringe"-Trilogie erfolgreich verfilmt hat, ist Wellington ein großer Stern in der Filmindustrie. Die Produktion von drei Blockbuster-Movies am Stück war eine beachtliche Leistung, zumal alle Requisiten und Kostüme in eigenen Produktionshallen, dem Weta Workshop, gefertigt wurden, von überwiegend jungen Leuten, die wenig Erfahrung im Film-Metier, dafür umso mehr Fantasie und Engagement mitbrachten.

Peter Jackson ist längst ein Sir und hat erfolgreiche Mitstreiter im eigenen Land, wie den Schauspieler, Drehbuchautor und Regisseur Taika Waititi, der mit der Abenteuerkomödie „Hunt for the Wilderpeople" (mit dem neuseeländischen Hauptdarsteller Sam Neill) einen großen Erfolg feierte.

Der erste neuseeländische Kinofilm, der so richtig Auszeichnungen abräumte (darunter drei Oscars), war Jane Campions Migrantenepos „Das Piano". Campions international ausgestrahlte Fernsehserie „Top of the Lake" wurde am Lake Wakatipu auf der Südinsel gedreht und bei den Filmfestspielen in Cannes prämiert. Unvergessen bleibt auch „Die letzte Kriegerin", das weltweit mit 19 ersten Preisen ausgezeichnete Erfolgsdebüt von Lee Tamahori, der später auch bei „James Bond" Regie führte. Fehlt nur noch ein standesgemäßes Filmmuseum. Entsprechende Pläne für das neue Convention and Exhibition Centre scheiterten zwar, doch weil ein Visionär wie Sir Peter Jackson maßgeblich in das Vorhaben involviert ist, ist der Traum noch nicht ausgeträumt.

Vorsicht, Monster: vor den Weta-Filmstudios

Ian Brodie: „A Journey Through New Zealand Film" (Harper Collins).
Auf Deutsch: „Der Herr der Ringe – Reiseführer zu den Schauplätzen", Klett-Cotta

Haupteinkaufsstraße die Stimmung, ansonsten wirkt das Zentrum trist, die Schaufensterauslagen sind dürftig und viele Menschen bedürftig.

Laut Statistik gehört Whanganui seit Jahren zu den Kommunen mit den höchsten Arbeitslosenzahlen in Neuseeland. Fast ein Drittel der Einwohner sind Maori, viele leben in winzigen Ansiedlungen in der Umgebung.

TRACY, DIE POSTBOTIN

Schmal und kurvenreich folgt die knapp 80 Kilometer lange Straße dem Fluss aufwärts; eine reizvolle, aber unberechenbare Route, denn nach Unwettern ist sie immer wieder mal für den Autoverkehr unpassierbar. Über 30 Jahre, bis 1934, wurde an der Strecke gebaut. Zuvor waren die entlegenen Dörfer nur vom Fluss aus erreichbar, wie schon vor der Ankunft der Europäer, als hier Maori die Ufer an den reichen Fischgründen besiedelt hatten.

Und wer kennt diese Gegend am besten? Der Postbote natürlich, in diesem Fall eine Postbotin namens Tracy. Auf ihrem River Road Mail Run kann man sie mehrmals in der Woche in ihrem Van begleiten. Umgedreht wird in Pipiriki, wenn der Asphalt auf die dicht bewaldete Wildnis des Whanganui National Park trifft. Hinein geht es nur zu Fuß, auf dem Wasserweg oder mit dem Mountainbike auf dem Mountains to Sea Cycle Trail durch das Innere der Nordinsel – hinein in eine andere Welt, in der die Post keine Rolle mehr spielt.

Interessante Kulturerlebnisse

MAORI-FOLKLORE UND MODERNE KUNST

Wer Neuseeland auf ein Naturparadies reduziert, der irrt. Die Nation hat auch kulturell allerhand zu bieten. Galerien, Museen, Bühnen zeigen Außerordentliches, und mit Zeugnissen der kolonialen Vergangenheit wird heute sorgsam umgegangen. Daneben besticht die polynesische Kunst und Kultur der Maori. Und keine Angst auch vor moderner Kiwi-Kunst: Die traut sich was.

1 Waitangi Treaty Grounds

Über den Rasen oberhalb der Bay of Islands schreiten und sich vorstellen, wie hier der staatsgründende Vertrag zwischen Briten und Maori unterzeichnet wurde – das ist „history life"! Zwar gaukelt das viel zu hübsch restaurierte Treaty House dem Besucher einen falschen Eindruck vor, wie die ersten Europäer damals hier gewohnt hätten, aber dafür lässt das kunstfertig geschnitzte War Canoe erahnen, was für großartige Seefahrer die Maori einst waren. Zur Rast lädt das angeschlossene Whare Waka Café ein.

Tau Henare Dr., Waitangi, tgl. 9.00–19.00, im Winter nur bis 17.00 Uhr, www.waitangi.org.nz

2 Auckland Art Gallery

Einkaufsbummel und Kunstgenuss: Das funktioniert mitten in Auckland, und zwar unweit der belebten Queen Street. Die Ausstellungen wechseln, Verlass ist auf die Sammlung eindrucksvoller Maori-Porträts, die der aus Böhmen stammende Maler Gottfried Lindauer Ende des 19. Jahrhunderts auf Leinwand gebannt hat. Frische Luft schnappen kann man danach im gepflegten Albert Park nebenan.

Ecke Wellesley/Kitchener St., Auckland, tgl. 10.00 bis 17.00 Uhr, www.auckland artgallery.com

3 Mataatua Cultural Immersion Experience

Wenig authentische Maori-Folklore-Shows gibt es leider zu viele. Doch in der Bay of Plenty laden Maori vom Stamm der Ngati Awa Besucher ein, Sitten und Gebräuche sowie abschließend ein Festessen mit ihnen zu teilen. Veranstaltungsort ist das Mataatua Wharenui, ein traditionelles Versammlungshaus von 1875, das als Exponat um die halbe Welt geschifft und in Whakatane wieder aufgebaut wurde. Und dieser Ort wurde nicht zufällig gewählt: Whakatane spielt eine wichtige Rolle in der Maori-Mythologie – als Landungsort des Ahnenkanus Mataatua. Während die Männer die Küste inspizierten, driftete das Boot mit den darin verbliebenen Frauen und Kindern ab und drohte hinaus aufs offene Meer getrieben zu werden. Zum Glück rettete die Häuptlingstochter Wairaka Boot und Insassen, indem sie beherzt (und gegen das Verbot) das Paddel ergriff, um mit den Worten „Me whakatane au i au" – Ich muss hier wohl als Mann handeln! – zurück ans Ufer zu rudern.

105 Muriwai Drive, Whakatane, tgl. verschiedene Führungen, unterschiedliche Dauer, zwischen 10.00 und 16.00 Uhr; für Eilige gibt es auch die nur einstündige Meet Mataatua Express Tour, www.mataatua.com

4 Te Papa Tongarewa

Auf ihr Nationalmuseum kann die Nation mit Recht stolz sein. Der kolossale Bau an Wellingtons Hafenpromenade ist bis unters Dach gefüllt mit allem, was Neuseeland ausmacht: gesellschaftlich, historisch, kulturell und naturkundlich. Die Präsentation der Sammlung besticht mit interaktiven Spielereien und experimentellen Überraschungen. Tipp: Die geführte Maori Highlights Tour liefert profundes Basiswissen zur Kultur der ersten Einwanderer (Dauer: 2 Std.).

53 Cable St., Wellington, tgl. 10.00–18.00 Uhr, www.tepapa.govt.nz

5 The Opera House

Mitten in Wellington kommen Opernfans voll auf ihre Kosten. Denn hinter der markanten Fassade des 1914 fertiggestellten Baus werden anspruchsvolle Aufführungen in elegantem Ambiente geboten. Drei Etagen bieten Raum für knapp 1400 Sitzplätze – ein Teil davon in stilvollen Logen. Bei der letzten Restaurierung im Jahre 2016 wurde die Statik des betagten Gebäudes gegen Erdbeben gewappnet.

111–113 Manners St., Te Aro, Wellington, www.venueswellington.com

6 Canterbury Museum

Ende des 19. Jahrhunderts brachte hier der deutschstämmige Julius von Haast seine naturkundliche Sammlung unter. Der altehrwürdige Bau überstand sogar die schweren Erdbeben vor über zehn Jahren. Drinnen überzeugen die Exponate etwa zur Erforschung der Antarktis auch durch eine sehr anschauliche Präsentation, draußen kann man durch die wunderschönen, mehr als 150 Jahre alten Botanic Gardens spazieren.

Rolleston Ave., Christchurch, tgl. 7.00–18.30 Uhr, www.ccc.govt.nz

7 Court Theatre

Das größte Theaterensemble des Landes ist Christchurch treu geblieben, als das schwere Erdbeben 2011 ihm das Zuhause im Arts Centre raubte und die Truppe mit einem weniger atmosphärischen Spielort am Rand der City vorliebnehmen musste. Dort wird nach wie vor bestes Theater aufgeführt und bringt britischer Humor die Leute zum Lachen. Ein Riesenspaß – Englischkenntnisse vorausgesetzt – ist die Late Night Comedy mit interaktiven Improvisationsstücken („Scared Scriptless", Fr./Sa. um 22.15 Uhr).

Bernard St., Addington, Christchurch, www.courttheatre.org.nz

8 Olveston Historic Home

So also lebte die Oberschicht Dunedins zu Beginn des 20. Jahrhunderts: Zentralheizung, Haustelefon, Speiselift, Dienstbotenklingel und elektrische Küchengeräte. Noch erstaunlicher aber ist, was man alles von seinen Reisen rund um die Welt an Souvenirs mit- und in den 35 Räumen des Hauses untergebracht hat. Eine Führung durch die heute unbewohnte, aber authentisch eingerichtete Villa gerät zur Reise in eine längst vergangene Epoche. Passend zu den Gepflogenheiten der damaligen Zeit kann man auf dem Rasen im Garten sogar Croquet-Unterricht nehmen (ab 4 Personen).

42 Royal Terrace, Dunedin, tgl. Führungen 9.00–17.00 Uhr, Dauer: 1 Std., www.olveston.co.nz

Wellington
Maßstab 1:25.000
0
400m
NORTHLAND
KELBURN
LAMBTON
TE ARO
TAITVILLE
HIGHBURY
MITCHELLTOWN
Botanic Gardens
Lambton Harbour
ORIENTAL BAY
Lower Karori Reservoir

NORTH ISLAND
SOUTH ISLAND
Tasman Sea
North Taranaki Bight
South Taranaki Bight
Hawke Bay
Tasman Bay
Golden Bay
Cook Strait
Palliser Bay
WELLINGTON
Lower Hutt
Porirua
Palmerston North
Wanganui
Napier
Hastings
Rotorua
Taupo
Lake Taupo
New Plymouth
Nelson
Blenheim
Marlborough Sounds
Tongariro Nat. Park
Abel Tasman Nat. Park
Kahurangi National Park
Maßstab 1:2.200.000
0
40 km

ENDSTATION SEHNSUCHT

In Wellington ist Schluss, zumindest auf dem Highway. Danach bleibt nur noch eine südlichere Sehnsucht. Nämlich die, auch Neuseelands Südinsel zu erkunden. Zuvor locken abwechslungsreiche Gegenden: sonnenbeschienene Küsten in der Hawke Bay, abenteuerliche Wildnis am Whanganui River, ein weinseliges Dorfidyll in Wairarapa.

1 – 10 Wellington

In der über 420 000 Einwohner zählenden Hauptstadt Neuseelands vergeht die Zeit wie im Flug, so viel gibt es zu unternehmen und zu erleben. Mindestens zwei Tage sollte man für „The coolest little Capital" übrig haben, um die eindrucksvollen Museen zu besuchen, den stolzen Kolonialfassaden Respekt zu zollen und vor allem, um gut zu essen, den besten Kaffee zu genießen und sich ins Nachtleben zu stürzen.

SEHENSWERT/MUSEUM/AUSGEHEN
Der klassische Stadtrundgang ist nach wie vor die effektivste Art, sich einen ersten Eindruck zu verschaffen: durch das lebhafte Einkaufszentrum auf dem 1 **Lambton Quay** und mit der knallroten Cable Car (Station: 280 Lambton

Wellington by night: In den Bars und Discos rund um den Courteney Place wird bis in die frühen Morgenstunden Party gemacht.

Quay) hinauf zum Aussichtspunkt am Kelburn Park, durch die gepflegten 2 **Botanic Gardens** und den Early Settlers Memorial Park hinab zum Regierungsviertel jenseits der Bowen Street, abschließend bis zur Promenade an der 3 **Waterfront,** wo sich Wellington wohl von seiner schönsten Seite zeigt. In den 1840er-Jahren gingen hier die ersten europäischen Siedler an Land, angeworben von der New Zealand Company, die bei der Namensgebung den Duke of Wellington im Sinn hatte. Dank ihrer zentralen Lage wurde die Stadt 1865 Regierungssitz. Im übersichtlichen Regierungsviertel beherbergt der auffällige Rundbau des 4 **„Beehive"** die Büros der Abgeordneten, im benachbarten, imposanten **Parliament House** befindet sich ein Visitor Centre (Mo.–Fr. 9.00–17.00, Sa./So. 9.30–17.00 Uhr, Touren zur vollen Stunde zwischen 10.00 u. 16.00 Uhr, www.parliament.nz/en/visit-and-learn/visit/guided-tours). Gegenüber stehen die 1896 errichteten **Old Government Buildings.** Eine Führung durch die **Archives New Zealand** zeigt und erläutert bedeutende historische Dokumente. Besonders stolz ist man hier auf das Original des „Treaty of Waitangi" (10 Mulgrave St., Mo.–Fr. 9.00–17.00 Uhr, www.archives.govt.nz). **Katherine Mansfield House & Garden** dokumentiert Werk und Leben der bedeutenden neuseeländischen Autorin, die Ende des 19. Jh.s hier aufwuchs (25 Tinakori Rd., Di.–So. 10.00–16.00 Uhr, www.katherinemansfield.com).
The Weta Cave zieht Cineasten an und begeistert mit allerhand fantastischen Memorabilia aus der „Herr der Ringe"-Trilogie wie auch aus anderen aufwendigen Produktionen, für die hier Requisiten, Kulissen und digitale Tricks entstanden. Ganz nah sind Teilnehmer einer der verschiedenen **Weta Studio Tours** **TOPZIEL** (Reservierung notw.) dabei, alle anderen stöbern im Souvenirshop oder schauen sich kostenlos einen Film über die Arbeit des Studios an (1 Weka St., Miramar, tgl. 9.00–17.30 Uhr, www.wetaworkshop.com). (Noch aufwendiger gestaltet: der Blick hinter die Kulissen im neuen „Weta Workshop Unleashed" in Auckland, nahe Sky Tower, s. S. 39, www.wetaworkshopunleashed.com). Das Nationalmuseum 5 **Te Papa Tongarewa** **TOPZIEL** macht es leicht,

Tipp

Bunt und kreativ

Die bunt zusammengewürfelte Einrichtung lässt erahnen, dass es auch in der Küche kreativ zugehen muss. Zum Frühstück ist das **Maranui Café** ebenso eine Empfehlung wie zum Lunch, Afternoon Tea oder Snack zwischendurch. Aber das Lokal im Obergeschoss des örtlichen Surf Life Saving Clubs bietet nicht nur leckere Speisen, sondern auch eine fantastische Aussicht auf Strand und Meer und auf die zwischen Nord- und Südinsel verkehrende Autofähre (Fensterplatz reservieren!).

7 A Lyall Parade, Lyall Bay, Wellington, tgl. 7.00–17.00, Küche bis 15.00 Uhr, Tel. 043 87 45 39, www.maranuicafe.co.nz

Unten: im Ortszentrum von Martinborough.
Links: traditionelle Häuser bei Napier.
Darunter: Angeln am Whanganui River.

der Faszination „Neuseeland" auf Anhieb zu erliegen. Planen Sie mind. 3 Std. für modern arrangierte Ausstellungen und interaktive Erlebnisse ein (siehe „Unsere Favoriten", S. 66). Der Museumsshop hat hochwertige Souvenirs im Angebot. Das gastronomische Herz der Stadt schlägt am ❻ **Courteney Place,** mit Restaurants und Imbissen für jeden Geschmack und Geldbeutel, angesagten Bars und volkstümlichen Bierschwemmen. Stylishe Szenetreffs, Studentenlokale, kleine Kaffeestuben und Bistros machen den Reiz der ❼ **Cuba Street** aus. Rund um die ❽ **Queens Wharf,** an der ❾ **Oriental Parade** und der hübschen **Aro Street** finden sich weitere sehr gute Restaurants und Bars. Musikliebhaber besuchen ❿ **The Opera House** (s. S. 67).

RESTAURANTS
Das **€€/€€€ CoCo at the Roxy** (5 Park Rd., Miramar, Di.–So. ab 11.30 Uhr, Tel. 04 388 55 55, www.cocoattheroxy.co.nz) gehört zu einem Kinopalast aus der Art-déco-Ära und bietet klasse Cocktails sowie inspirierte Küche.
Im **€€ Aro Café** (90 Aro St., Aro Valley, Mo.–Fr. 7.30–16.00, Sa. 9.00–16.00, So. 9.00–17.00 Uhr, Mi.–Sa. auch Dinner, Tel. 04 384 49 70, www.arocafe.co.nz) sitzt man zwar etwas eng, aber gemütlich und mitten im lebhaften Studentenviertel. Kleine originelle, wechselnde Speisekarte mit italienischem Einfluss. Die **€€/€€€ Ortega Fish Shack** (16 Majoribank St., Di.–Sa. 17.30–22.00 Uhr, Tel. 04 3 82 95 59, www.ortega.co.nz) steht für originelle Fischgerichte.

UNTERKUNFT
Der Blick vom **€€/€€€ Copthorne Hotel** (100 Oriental Parade, 118 Zi., Tel. 04 385 02 79, www.millenniumhotels.co.nz) auf die Hafenbucht ist exzellent, und man gelangt zu Fuß in die City. Wer Bücher, Natur, guten Kaffee und Kultur zu schätzen weiß, ist im **€€ Booklovers B & B** (123 Pirie St., Mount Victoria, 3 Zi., Tel. 04 384 27 14, www.booklovers.co.nz) im Grüngürtel der Stadt gut aufgehoben.

UMGEBUNG
Kapiti Coast heißt der strandgesäumte und inzwischen dicht besiedelte Küstenabschnitt im Nordwesten: ein beliebtes Naherholungsziel der Wellingtonians, die an Sommerwochenenden gerne zum Paraparaumu Beach drängen. Eines der ältesten Naturreservate des Landes, **Kapiti Island,** ca. 8 km vor der Westküste, sollte man bei einer geführten Tour erkunden (Kapiti Island Nature Tours, Boot-Transfer ab Paraparaumu inkl. notwend. DOC-Permit, auch mit Übernachtung, www.kapitiisland.com).

INFORMATION
i-Site, 111 Wakefield St., Wellington,
Tel. 04 802 48 60, www.wellingtonnz.com

⓫ Martinborough

TOPZIEL Wallfahrtsort für Freunde edler Tropfen: das Zentrum des Weinanbaus in der Region Wairarapa. Man kann bei Winzern verkosten, gut essen und trinken und bis zum südlichsten Punkt der Nordinsel vorstoßen.

SEHENSWERT/ERLEBEN
Weinproben gehören hier zum Pflichtprogramm. Empfehlenswert: **Ata Rangi** (14 Puruatanga Rd., Mo.–Fr. 13.00–15.00, Sa./So. 12.00–16.00 Uhr, www.atarangi.co.nz), **Te Kairanga** (Martins Rd., tgl. ab 10.00 Uhr, www.tkwine.co.nz), **Palliser Estate** (64 Kitchener St., tgl. 10.30–16.00 Uhr, www.palliser.co.nz). Auch geführte Wein-Touren im Kleinbus sind eine Option (**Martinborough Wine Tours,** 7 Campbell Dr., www.martinboroughwinetours.co.nz), oder man mietet ein Fahrrad (**Green Jersey Cycle Tours,** 16 Kitchener St., www.greenjersey.co.nz). Klima und Böden Wairarapas tun nicht nur Weinreben gut, sondern auch Olivenbäumen. Deshalb erntet die Plantage **Olivo** erstklassige Früchte, die vor Ort zu hochwertigen Ölen gepresst werden. Der kleine Laden ist auch Ausgangspunkt für Führungen (1 Std.; 136 Hinakura Rd., im Sommer tgl., sonst Sa./So. 10.30 bis 17.00 Uhr, www.olivo-nz.myshopify.com).

RESTAURANTS
Das Weingut **Coney** lässt Weinproben mit einem köstlichen Lunch verbinden, am besten auf der Terrasse zwischen Weinreben (**€€/€€€ Trio Cafe**, 107 Dry River Rd., Sa./So. 12.00 bis 15.00 Uhr, Tel. 06 306 83 45, www.coneywines.co.nz).
€€ Circus Cinema Restaurant Bar im Ortszentrum bietet sowohl gute Bistro-Küche als auch aktuelle Kinofilme – vor oder nach dem Essen (34 Jellicoe St., tgl. ab 15.00 Uhr, Tel. 06 306 94 42, www.circus.net.nz).

UMGEBUNG
Knapp 20 km in nördl. Richtung trennen Martinborough von **Greytown,** einer charmanten Kleinstadt, deren erstaunlich zahlreiche historische Bauten die Hauptdurchgangsstraße (SH 2) flankieren, alle mit Informationstafeln versehen. Dazwischen erfreuen viele Cafés, Mode-Outlets, Krimskramsläden und Schoc Chocolates (177 Main St., www.schoc.co.nz) mit handgemachten Pralinen.
Nach rund einer Stunde Autofahrt in südlicher Richtung von Martinborough erhebt sich am einsamen **Cape Palliser** malerisch ein rot-weißer Leuchtturm. Das Südende der Nordinsel ist erreicht, ein ziemlich wildes Stück Neuseeland – ideal für Robben (Nov.–Jan. mit Jungtieren).

INFORMATION
i-Site, 18 Kitchener St., Martinborough,
Tel. 06 306 50 10, www.wairarapanz.com

⓬ Whanganui

Die beschauliche Kleinstadt an der Mündung des Whanganui River hat einen starken Fluss an der Seite und einen mächtigen Nationalpark im Rücken. Als Ausgangspunkt für Naturerlebnisse zu Wasser und zu Land perfekt.

Tipp

Art déco in Napier

Ausführliche **Stadtführungen** gibt es am Morgen (10.00, 11.00 Uhr, eine Std.) und am Nachmittag (14.00, 16.30 Uhr, zwei Std.). Letztere blickt auch mal hinter die pastellfarbenen Art-déco-Fassaden. Jeweils zum Abschluss macht ein kurzer Film Lust auf das nächste **Art déco Festival** (alle Touren ab Art Deco Centre, 7 Tennyson St., www.artdeconapier.com). Abends sind die Häuser farbenfroh illuminiert.

ERLEBEN
Etwa 2–3 Std. dauert die Fahrt auf der knapp 80 km langen Whanganui River Road; je nach Umfang der Fotostopps. An Motiven mangelt es nicht in den pittoresken Maori-Dörfern am Flussufer (fragen Sie um Erlaubnis!). Ziel ist **Pipiriki,** wo Jet Boat Tours flussaufwärts zur entlegenen **Bridge of Nowhere** mitten im Urwald starten (Ecke Raetihi-Pipiriki/Owairau Rd., tgl., ca. 10.30 Uhr, Dauer: ca. 4 Std., www.bridgetonowhere.co.nz). Wer Jet Boat und Kanu-Trip verbinden will, muss einen halben Tag veranschlagen. Man kann hier Mountainbikes mieten, in den **Whanganui National Park** radeln und sich vom Jet Boat abholen lassen. Der Abschnitt ist Teil des 217 km langen **Mountains to Sea Cycle Trail** von Ohakune Junction bis Whanganui North Mole, 32 km müssen auf dem Wasserweg mit Boot oder Kajak zurückgelegt werden (3–6 Tage, www.nzcycletrail.com/trails/mountains-to-sea). Der **River Road Mail Run** entlang der Whanganui River Road wird v. a. von der Postbotin Tracy durchgeführt (Whanganui Tours, 4/51 Abbot St., Conville, www.whanganuitours.co.nz). Eine andere Perspektive bietet die **Flussrundfahrt** mit dem Raddampfer Waimarie (ab Waimarie Centre, 1A Taupo Quay, Dauer: 2,5 Std., tgl. 11.00, Fr. auch 17.30 Uhr, www.waimarie.co.nz).

INFORMATION
i-Site, 31 Taupo Quay, Whanganui,
Tel. 06 349 05 08, www.visitwhanganui.nz

13 Napier

Der Sonnenaufgang am breiten Kieselstrand kann betören, auch die abends mit Lichterketten beleuchtete Promenade. Die Stadt in der klimatisch verwöhnten Hawke Bay hat Art-déco-Architektur und eine legere Lebensart.

SEHENSWERT
Im **MTG Hawke's Bay** schlägt das kulturelle Herz der Stadt mit Museum, Theater und Ausstellungen, u. a. zu Art déco (1 Tennyson St., www.mtghawkesbay.com).

RESTAURANT
Die **€€/€€€ Mission Estate Winery** lädt nicht nur zur Weinverkostung, sondern auch zu Tisch (198 Church Rd., tgl., www.missionestate.co.nz).

UMGEBUNG
Ziel einer interessanten **Wein-Tour** ist **Havelock North**, 21 km südlich. Denn in der hügeligen Landschaft rund ums Dorf haben sich renommierte Kellereien angesiedelt wie **Craggy Range** (253 Waimarama Rd., tgl. 10.00–16.00 Uhr, mit dem sehr guten Restaurant **€€/€€€ Terroir**, tgl. Lunch und Dinner, www.craggyrange.com) und das Traditionsweingut **Te Mata Estate** (349 Te Mata Rd., tgl. 9.00–17.00 Uhr, www.temata.co.nz).

INFORMATION
i-Site, 100 Marine Parade, Napier, Tel. 0800 84 74 88, www.napiernz.com

OASE IN DER GROSSSTADT

Wenn in Wellington Verkehrslärm, Rushhour und Menschengedränge Lust auf eine Auszeit machen, empfiehlt sich ein Ausflug nach Zealandia. In dem lauschigen Naturreservat oberhalb der City hat sich die ursprüngliche Vegetation erstaunlich gut erholt, und auch viele bedrohte Tiere sind wieder zu bewundern. So leicht kommt man der neuseeländischen Natur sonst nur schwer näher. Zwei Takahes (landesweit gibt es noch etwa 300 Exemplare) lungern auf einer Wiese herum, die seltenen Kakas (Busch-Papageien) machen Sperenzchen, und Tuataras, verehrt als „lebende Fossilien", lassen sich mühelos beim Dösen im Dickicht beobachten. Zudem laufen einem in der Dämmerung garantiert auch mal die scheuen Kiwis über den Weg. Etwa 130 Exemplare wurden schon gezählt.

Zealandia ist kein Zoo, aber das 225 ha große, mit einem 8,6 km langen und 2,20 m hohen Zaun umrandete Areal gilt als einmaliges Refugium, um die ursprüngliche Vegetation und natürliche Bewässerung wiederherzustellen. Bisher konnten 18 ehemals heimische Tierarten zurückgeführt werden, sechs davon galten auf dem neuseeländischen Festland seit über 100 Jahren

Gut geführt: In Zealandia lassen sich auch Tui-Vögel und Tuataras entdecken.

als ausgestorben. Besucher können sich stundenlang durch das bewaldete Terrain treiben lassen und auf eigene Faust Tiere beobachten. Effektiver sind geführte Touren mit einem naturkundigen Guide, der auch auf die heimische Flora hinweisen kann, die man ansonsten vielleicht übersieht.

Zealandia

Lage/Infos: Zealandia liegt fast mitten in der Stadt; 53 Waiapu Rd., Karori, tgl. 8.00–17.00, letzter Eintritt 16.00 Uhr, www.visitzealandia.com, Eintritt: 22 NZ$

Touren: am Tag und in der Dämmerung (für die Kiwi-Beobachtung), am besten kombiniert. Zweistündige Tagestour ca. 55 NZ$ bzw. Twilight Tour ca. 85 NZ$ p. P. und Zealandia by night ca. 85 NZ$ p. P. Unbedingt einige Tage im Voraus online reservieren.

Abel Tasman & Nordwesten

FJORDE UND EINE GOLDENE BUCHT

Der Norden der Südinsel empfängt uns mit den meisten Sonnenstunden des Landes, einer beeindruckenden Fjordlandschaft und feinsandigen Stränden bis in die entlegene Golden Bay. Eigentlich will man hier gar nicht mehr weg, doch da lockt auch noch die wilde West Coast, an der dichter Regenwald wuchert.

Auf Schusters Rappen durch den Urwald: Der Abel Tasman National Park bietet charmante Wildnis.

Strandläuferin im Abel Tasman National Park

»DREHE DEIN GESICHT ZUR SONNE UND DIE SCHATTEN FALLEN HINTER DICH.«

Maori-Weisheit

Innerhalb von zehn Minuten sorgen die „Southerlies" – eisige Winde aus der Antarktis – für einen brachialen Temperatursturz um die Hälfte und sind deshalb vor allem auf der Südinsel berüchtigt. Immer dann kommt auch die Cook Strait richtig in Wallung. Die mindestens 22 Kilometer breite Meeresstraße trennt Nord- und Südinsel, und ihre Überquerung wird von den Fährgesellschaften als „Mini-Kreuzfahrt" bezeichnet. Das mag, vom geschützten Wellington Harbour aus, für die ersten 30 und für die letzten 70 Minuten in den Marlborough Sounds gelten, aber während der übrigen knapp 100 Minuten auf offener See geht es gerne mal hoch her. Die Augen starr auf die Horizontlinie zu richten, soll ja helfen, doch Besserung tritt erst im Queen Charlotte Sound ein, der erreicht ist, wenn sich die Wogen wieder glätten. Hier markiert Ship Cove jenen Küstenabschnitt, vor dem James Cook im Februar 1770 mit seiner Endeavour vor Anker ging, bevor er erstmals die Südinsel umrundete. Heutzutage ist Ship Cove auch auf dem Landweg erreichbar: auf dem 70 Kilometer langen Queen Charlotte Track, für Wanderer ebenso reizvoll wie für Mountainbiker.

Dort wo die Fähre aus Wellington in den Tory Channel einfährt, gab es bereits in der ersten Hälfte des 19. Jahrhunderts eine Walfangstation, die immer dann reiche Beute machte, wenn sich die kalbenden Mütter dicht vor der Küste aufhielten. Dem blutigen Gemetzel wurde erst in den 1960er-Jahren ein Ende gesetzt, als sich nicht nur die Öffentlichkeit gegen den Walfang aussprach, sondern auch die Wirtschaft zunehmend das Interesse verlor.

KREATIV UND ALTERNATIV

Endlich an Land, lebt es sich im milden, sonnigen Klima leichter, unbeschwerter als anderswo. Vielleicht beherbergt der Nordwesten der Südinsel deshalb so viele Künstler und Kunsthandwerker, Veganer und Vegetarier, Öko-Aktivisten und Kommunarden. Die lila Latzhose ist hier ebenso wenig aus der Mode gekommen wie Räucherstäbchen oder mit Henna gefärbte Wallemähnen. Auch Nelson, auf den ersten Blick eine biedere Kleinstadt, lässt hinter viktorianischen Fassaden und zwischen gepflegten Einfamilienhäusern Platz für eine lebhafte alternative Szene. An den streng rechtwinklig angelegten Straßen verkaufen Galerien und Kunsthandwerkläden hochwertige Produkte aus Ateliers und Werkstätten der Region.

PROMENADE FÜR WANDERER

Als erster Europäer bekam der niederländische Seefahrer Abel Tasman Neuseeland zu Gesicht: 1642 in der Golden Bay.

Schon vor mindestens 500 Jahren siedelten sich die ersten Maori im Gebiet des Abel Tasman National Park an.

Mit einem Boot werden die Wanderer zum Ausgangspunkt ihrer Tour gebracht.

Im Abel Tasman National Park unterwegs auf einer Wanderung von Torrent Bay nach Bark Bay

Von oben nach unten: auf den Weingütern Brancott und Hans Herzog in Blenheim, Grünschalenmuschel-Tour ab Havelock

Linke Seite: „The Boat Shed Café" an der Waterfront von Nelson ist ein exzellentes Fischrestaurant – beste Aussicht inklusive.

Auch wenn er damals selbst keinen Fuß an Land setzte, trägt heute ein paradiesisches Naturschutzgebiet seinen Namen: der Abel Tasman National Park. Immer am Wasser entlang, mit herrlichen Ausblicken auf das leuchtende Türkisblau der Tasman Bay, mal durch weichen Sandstrand, mal durch schummerigen Regenwald: Der rund 51 Kilometer lange Coastal Track im Park ist so etwas wie die Prachtstraße unter den neuseeländischen Wanderrouten und entsprechend beliebt. Kein Wunder, dass mehrtägige Aufenthalte mit Übernachtungen in Hütten oder auf Zeltplätzen inzwischen streng reglementiert sind, insbesondere während der Hochsaison im Sommer.

Yirka Ritschny und seine Frau Jane betreiben das Park Cafe in Marahau am südlichen Eingang des Naturschutzgebiets und schwärmen von den 1980er-Jahren, als der Wandertourismus hier noch in seinen Anfängen war. Damals versorgten sie in einer kleinen Bretterbude vom Regen müde gelaufene Parkbesucher mit heißem Kaffee und selbst belegten Sandwiches. „Die Leute nahmen sich noch Zeit zum Reden", sagt Yirka, „und sie wollten etwas über die Gegend hier erfahren. Manche waren froh, endlich mal wieder auf Leute zu treffen, denn im Park waren damals nur wenige unterwegs."

WET & WILD

Für den ambitionierten Wanderer ist der Kahurangi National Park weiter westlich die größere Herausforderung: Der rund 80 Kilometer lange Heaphy Track führt bis in etwa 1000 Meter Höhe und wieder tief hinab zur Tasmanischen See, an die West Coast. Die gibt sich hier im nördlichen Abschnitt sanft und wärmt mit subtropischem Mikroklima. Weiter südlich wird es dann richtig wild und nass: Üppige Vegetation, die selbst im kargen Fels Wurzeln treibt oder als Nikau-Palmen in die Höhe schießt, zeugt von reichlich Niederschlag – bis zu 3000 Millimeter pro Jahr prasseln in der Regel heftig, aber kurz als Starkregen herunter.

Rechts: Die Trinity Church in der Nile Street war mehr als 100 Jahre lang ein Versammlungsort für Nelsons Presbyterianische Gemeinde. Wegen strittiger Landrechte wurde das Gebäude 2017 zum Verkauf freigegeben.

Der Paparoa National Park nördlich von Greymouth schützt eine herrliche Karstlandschaft mit faszinierenden Höhlen, aufregenden Felsformationen und einsamen Stränden. Hauptattraktion sind die Pancake Rocks, die wegen ihrer geschichteten Form so benannten Pfannkuchenfelsen bei Punakaiki.

Mapua ist ein beschaulicher, westlich von Nelson an der Tasmanischen See gelegener Fischerort.

Der Clocktower von Hokitika – einer Stadt, in der man sich ganz der neuseeländischen Jade verschrieben hat.

An die vergangenen Tage des Goldrauschs erinnert das zwischen Hokitika und Greymouth gelegene Museumsdorf Shantytown.

Special

Eingeschleppt und ausgesetzt

Ein vergeblicher Kampf?

Mangels natürlicher Feinde sind in Neuseeland Opossums, Ratten und Wiesel sowie andere eingeführte Tiere zur großen Plage geworden. Diese setzen der Natur zu, seit es Menschen in Neuseeland gibt: Ratten wurden bereits von den Maori mitgebracht, die Europäer schleppten später Frettchen, Hermeline und Wiesel ein, um der sich rasant vermehrenden Kaninchen Herr zu werden. Die sind bis heute eine Plage, weil die kleinen Raubtiere lieber in der flugfaulen neuseeländischen Vogelwelt aasen, als flinken Nagern nachzujagen. Opossums holte man Mitte des 19. Jahrhunderts aus Australien, um eine Fellzucht aufzubauen. Das Vorhaben scheiterte, und man entließ die Tiere in die freie Natur. Heute kommen auf einen Einwohner bereits sechs Opossums – gefräßige Nager, die sich in einer einzigen Nacht ganze Gemüse- oder Blumenbeete einverleiben, junge Aufforstungen plattmachen und den Vögeln die Eier aus den Nestern rauben.

Opossums sind so niedlich wie gefräßig.

Zig Millionen Dollar investiert die Regierung in die Vernichtung der Schädlinge, einige Naturschutzgebiete, vor allem auf vorgelagerten Inseln, sind inzwischen ganz frei von räuberischen Säugern. Zu denen übrigens auch Katzen zählen, weshalb sie jetzt etwa im Raum Wellington zwecks Identifikation Mikrochips tragen müssen. Selbst Wespenarten aus Übersee haben sich in der neuseeländischen Natur zur Plage entwickelt.

„Coaster" nennt man den Menschenschlag, der hier in Gummistiefeln und Ölzeug der Witterung trotzt, an Treibholz bedeckten Stränden der tosenden Brandung lauscht und sich wohl eher ein Bein abhacken würde, als woanders zu leben.

GOLDGLÄNZEND UND STEINREICH

Lange Zeit machten Europäer einen großen Bogen um die West Coast. Bis 1864 am Taramakau River Gold gefunden wurde. Im Nu schossen Zeltstädte aus dem Boden, erblühten Goldgräber-Metropolen, die kurz darauf schon wieder verlassen wurden. Doch so schnell das Gold weg war, so langsam erwachte die West Coast zu neuem Leben. Hokitika hat sich zum Beispiel völlig neu erfunden und erfolgreich auf Pounamu (engl. Greenstone) gebaut: Die neuseeländische Jade wird hier zu filigranen Preziosen geschliffen oder als preiswerte Massenware verkauft. Schon die Maori kamen von weit her, um an der Küste den begehrten Halbedelstein zu gewinnen. Keine leichte Sache: Ungeschliffener Pounamu ist äußerlich eine graue Maus. Seit 1997 reklamiert der größte Maori Tribe der Südinsel, Ngai Tahu, Jade qua Gesetz als seinen Besitz. Wer ein Zertifikat (Authentic NZ Greenstone) am Schmuckstück sieht, kann zumindest sicher sein, dass es echt ist – und nicht aus China kommt.

Neuseelands endemische Fauna

KIWI, KAKAPO, KEA & CO.

Die Tierwelt Neuseelands ist einzigartig, weil sie sich lange Zeit isoliert vom Rest der Erde entwickeln konnte. Doch sie ist auch sehr fragil – seit Menschen sich auf den Inseln breitgemacht und fremde Tiere eingeführt haben, die den einheimischen Tieren das Leben schwermachen.

Ein letztes, nur in Neuseeland vorkommendes Relikt aus dem Erdmittelalter ist der Tuatara, der auch Brückenechse genannt wird (weil ein Knochenstück zwischen zwei Schädeldurchbrechungen im Schläfenbereich eine Brücke zum Schuppenbein bildet).

Mark Twain zufolge glauben die meisten Menschen, Neuseeland liege „irgendwo dicht bei Australien". Was aber keinesfalls richtig sei, denn: „Neuseeland liegt nirgends dicht am Lande, sondern ganz für sich."

Tatsächlich verdankt das schon vor zig Millionen von Jahren durch eine tektonisch bedingte Auffaltung an der unruhigen Grenze zweier Kontinentalplatten entstandene und seitdem von allen anderen Landmassen getrennte Neuseeland seiner isolierten Lage eine ganze Reihe einzigartiger Tierarten: Ein Großteil der Insekten und ein Viertel aller Vogelarten hier sind endemisch, kommen also nirgendwo sonst auf der Welt vor.

LEIBHAFTIGE DINOS

Das Gleiche gilt für die Tuataras oder Brückenechsen *(Sphenodon punctatus)*, die oft als „lebende Fossilien" bezeichnet werden, weil sie die letzten Vertreter einer bereits seit der Triaszeit vor mehr als 200 Millionen Jahren bekannten Kriechtierordnung (Schnabelköpfe, *Rhynchocephalia)* sind. Sie werden nur maximal 60 Zentimeter groß, waren aber schon mit den kolossalen Dinosauriern auf der Erde unterwegs. Seither hielten sich diese Tiere eigentlich ganz wacker, bis sie im 19. Jahrhundert massenhaft den aus Europa eingeführten Feinden zum Opfer fielen. Sie galten schon als so gut wie ausgestorben, als letzte Exemplare auf säugetierfreien Eilanden ausgesetzt und Aufzuchtstationen eingerichtet wurden – mit einem erfreulich großen Erfolg.

EIGENARTIGE VÖGEL

Ein Federkleid wie struppige Haare, unter dem plumpen Körper spindelige Beinchen, fast blind und flugunfähig: Der Kiwi ist wahrhaftig keine Schönheit und wurde dennoch zum Nationalsymbol gekürt. Vielleicht auch aus Respekt, weil er sich von Katzen, Wieseln, Opossums und anderen tierischen Räubern nicht ausrotten ließ. Beistand von den anderen Kiwis, wie sich die Neuseeländer gerne selbst nennen, gab es erst 1921, als die Vogelart unter Schutz gestellt wurde. Seither kümmern sich die Kiwis um ihre Kiwis und helfen mittels Aufzuchtstationen dem Nachwuchs auf die Beine. Um die 70 000 Vögel sollen derzeit in freier Natur leben.

Große Sorgen bereitet nach wie vor der Kakapo oder Eulenpapagei *(Strigops habroptilus)*. Von dem schwergewichtigen Tier leben heute gerade mal noch um die 140 Exemplare, geschützt auf raubtierfreien Inseln.

Auch der Bestand der grüngefiederten Keas oder Bergpapageien *(Nestor notabilis)* ist gefährdet, weil sie ihre Nester schutzlos am Boden bauen und sich beim Knabbern an alten bleihaltigen Bauelementen vergiften. Da hilft auch nicht, dass die Vögel seit 1986 unter Schutz stehen – nachdem sie jahrzehntelang von Farmern getötet wurden, in dem irrtümlichen Glauben, ihre Schafe auf den Weiden würden von Keas angegriffen.

Definitiv ausgestorben ist schon lange ein uralter Riesenvogel, der allerdings nicht von eingeführten anderen Tieren, sondern von Menschen ausgerottet wurde: Moas waren für die Maori eine leichte Beute, denn die flugunfähigen Laufvögel kannten weder Flucht- noch Abwehrverhalten.

Ohne natürliche Feinde verloren viele Vogelarten die Fähigkeit zu fliegen. So wurden sie zu einem leichten Opfer der von den Siedlern eingeführten Säugetiere. Das gilt auch für den Kiwi, einen nachtaktiven Laufvogel aus der Familie der Schnepfenstrauße (Apterygidae).

Fakten & Informationen

Kiwi-Beobachtung: Am besten in Zealandia (Wellington, s. S. 71) im Rahmen einer Abendtour, auf Kapiti Island oder auf Stewart Island.
Kiwi-Aufzucht: Exklusiv und anschaulich ist das „Kiwi Experience" im Auckland Zoo („Behind the Scenes", Tel. 09 3 60 47 00, www.aucklandzoo.co.nz, Di./Do./Sa., jeweils 13 Uhr, 149 NZ$ p. P., max. 4 Pers.). Alternativ: Führung durch The National Kiwi Hatchery (s. S. 55)
Internet: www.rainbowsprings.co.nz/national-kiwi-hatchery-tour und https://savethekiwi.nz: umfangreiche Websites mit allem Wissenswerten rund um den Kiwi. www.doc.govt.nz/nature/native-animals/birds/birds-a-z/kiwi/facts: Department of Conservation-Seite mit Kiwi-Stimmen und interessanten Links.

Maßstab 1:2.000.000
0
40 km
NORTH ISLAND
SOUTH ISLAND
Cook Strait
WELLINGTON
Porirua
Lower Hutt
Upper Hutt
Palmerston North
Masterton
Tararua Range
Marlborough Sounds
D'Urville Island
Picton
Blenheim
Nelson
Tasman Bay
Golden Bay
Abel Tasman Nat. Park
Kahurangi National Park
Takaka
Motueka
Westport
Pancake Rocks and Blowholes
Greymouth
Hokitika
Kaikoura
Kaikoura Peninsula
Seaward Kaikoura Ra.
Inland Kaikoura Ra.
Richmond Ra.
Paparoa Range
Arthur's Pass National Park
Southern Alps
Hanmer Springs
Pegasus Bay
CHRISTCHURCH
Banks Peninsula
Canterbury Plain
Franz Josef Glacier
Fox Glacier
Mount Cook Nat. Park
Wine Area
Saltworks
Old Coal Mines
Historic Gold Mining Town
Shantytown
Stop 1
1
2
3
4
5
6
7
8

SPUR DER ERSTEN EUROPÄER

Besser als hier vor Neuseelands Küste hätten die ersten Europäer nicht landen können: in der Tasman und Golden Bay, wo Sandstrände vor grünem Regenwald Südseekulisse vorgaukeln. Hier kann man sich gut mental auf die schroffe West Coast vorbereiten.

1 Picton

Das kleine Hafenstädtchen lebt vom und mit dem regen Fährverkehr zur Nordinsel. Viele Touristen fahren einfach nur durch. Schade! Denn von Picton aus lassen sich prima die **Marlborough Sounds** erkunden – zu Wasser und zu Lande. Eines der ältesten erhaltenen Segelschiffe liegt im **Edwin Fox Museum** (Dunbar Wharf, tgl. 9.00–17.00 Uhr, www.edwinfoxsociety.com) auf dem Trockenen.

UMGEBUNG/ERLEBEN

Der westlich aus dem Ort führende **Queen Charlotte Drive** erfreut oberhalb des Fjords als aussichtsreiche Panoramastraße, die nach 35 km und vielen engen Serpentinen **Havelock** erreicht. Der kleine Ort am Wasser ist Ausgangspunkt der **Greenshell Mussel Cruise** TOPZIEL (tgl. 13.30 Uhr, ca. 3 Std., ab Marina/Pier C, www.marlboroughtourcompany.co.nz) zur Muschelfarm im stillen Pelorus Sound. Eine gute Gelegenheit, die neuseeländischen Schalentiere bei einem Glas Wein zu probieren.

INFORMATION

i-Site, Foreshore, Picton, Tel. 03 5 20 31 13, www.marlboroughnz.com

2 Blenheim

In der weiten Ebene Marlboroughs sitzt die unspektakuläre Kleinstadt als Verwaltungssitz wie die Spinne im Netz: mitten im größten Weinanbaugebiet Neuseelands. Besonders gut gelingen hier Weißweine wie Sauvignon blanc, Chardonnay und Riesling, aber auch die Pinot noirs sind nicht zu verachten. Und alljährlich im Februar steigt am Stadtrand eine Riesensause: beim **Marlborough Wine & Food Festival** (Brancott Vineyard, 110 Brancott Rd., www.wine-marlborough-festival.co.nz).

ERLEBEN

Weinproben unternimmt man am besten im Rahmen einer geführten Tour im Kleinbus (**Marlborough Wine Tours**, www.marlboroughwinetours.co.nz) oder mit dem Fahrrad (**Wine Tours By Bike**, www.winetoursbybike.co.nz).

RESTAURANTS/UNTERKUNFT

Eine ganze Reihe renommierter Weingüter hat hervorragende Küchen. Meist stimmt auch das Ambiente mit elegantem Interieur und gepflegter Außengastronomie. Einen sehr guten Ruf haben die Winzer **Brancott** (www.brancottestate.com), **Cloudy Bay** (www.cloudybay.co.nz) sowie **Herzog** (www.herzog.co.nz).
Ein Aushängeschild von **€€ Twelve Trees** (Winery Allan Scott, 229 Jacksons Rd., tgl. Lunch, an Sommerwochenenden auch Dinner, www.allanscott.com) ist die Seafood Chowder (eine sämige Meeresfrüchtesuppe).
€€€ Eliza's Garden Cottage (50 Staces Rd, Grovetown, Tel. 02 1 32 33 58, https://elizasgardencottage.nz) ist ein geräumiges, stilvoll eingerichtetes Ferienhaus, in dem Wendy Palmer ihre Gäste verwöhnt. Selbst Winzerin, ist auf ihre Empfehlungen zu Weingutbesuchen Verlass.

INFORMATION

i-Site, 8 Sinclair St., Tel. 03 5 77 80 80, www.marlboroughnz.com

Oben: am Flughafen von Nelson. Rechts oben: Degustation im Weingut Cloudy Bay (Blenheim). Darunter: Kajakverleih in Marahau, am Eingang des Abel Tasman National Park.

3 Nelson

In der Kleinstadt an der Tasman Bay kann man kaum verloren gehen: Die breiten Straßen sind rechtwinklig angelegt, Haupt-Nord-Süd-Achse ist die geradewegs auf die monumentale Christ Church Cathedral zuführende Trafalgar Street. Kunsthandwerk wird sowohl im Zentrum als auch in der Umgebung vielfältig und hochwertig angeboten, Adressen findet man unter www.nelsonartists.co.nz oder man folgt den Nelsons Region Art Trails: www.arttrails.nz. Nicht versäumen sollte man einen Besuch im **Nelson Classic Car Museum** (1 Cadillac Way, www.classiccarmuseum.nz).
Ansässige Veranstalter organisieren Wanderausflüge bzw. Transfers in den 65 km entfernten **Abel Tasman National Park,** eine Alternative zur individuellen Anreise nach Motueka/Marahau (siehe unten).

EINKAUFEN

Wer bei Gemüse, Obst und anderen Nahrungsmitteln wählerisch ist, womöglich Bio-Produkte sucht, begibt sich am besten ganz früh auf den **Nelson Market** (Montgomery Square, Sa. 8.00 bis 13.00 Uhr, www.nelsonmarket.co.nz) – dann ist die Auswahl noch groß. Das Markttreiben (auch Kunsthandwerk, Klamotten, Kurioses) gleicht einem kleinen Volksfest.

INFORMATION

i-Site, Millers Acre Centre, 77 Trafalgar St., Tel. 03 5 48 23 04, www.nelsonnz.com

4 Motueka

Das Straßendorf am SH 60 funktioniert ganz gut als Basislager für den Wandertourismus im **Abel Tasman National Park.** Es gibt vor allem preisgünstige Unterkünfte und einfache Restaurants. Viele junge Backpacker sind hier unterwegs, um Proviant aufzufüllen, Transfers zu buchen oder vor den nächsten Nächten im Zelt oder in der Hütte noch einmal im weichen Bett zu schlafen und heiß zu duschen.

„DIE GEFÄHRLICHSTE ALLER WELTANSCHAUUNGEN IST DIE WELTANSCHAUUNG DER LEUTE, WELCHE DIE WELT NICHT ANGESCHAUT HABEN.“

ALEXANDER VON HUMBOLDT

UMGEBUNG
Nach 16 km in nördlicher Richtung ist **Kaiteriteri** erreicht, eine Ferienhaussiedlung mit Minimalinfrastruktur und populärem Campingplatz (**€ Kaiteriteri Beach Motor Camp,** Tel. 03 5 27 80 10, www.experiencekaiteriteri.co.nz), aber gesegnet mit einer zauberhaften Strandkulisse, vor der Boot-Transfers (Wilsons Abel Tasman, www.abeltasman.co.nz) in den Nationalpark starten. Auf dem Landweg sind es von hier aus gerade mal 8 km bis zum Südeingang bei Marahau, wo tolle Kajak-Ausflüge entlang der Küste beginnen (Abel Tasman Kayaks, www.abeltasmankayaks.co.nz), Wanderer auch von Wasser-Taxis befördert werden (Abel Tasman Aquataxi, Tel. 03 5 27 80 83, www.aquataxi.co.nz) und sich im **€/€€ Park Cafe** (tgl. 8.00 bis 16.00 Uhr, im Sommer auch Di.–Sa. Dinner, Tel. 03 5 27 82 70, www.parkcafe.co.nz) noch einmal richtig satt essen können.
Durch den 225 km² großen **Abel Tasman National Park** (www.doc.govt.nz) führen viele Wanderwege: Der 50 km lange Coastal Track ist Pflicht, der Rest Kür. Drei Tage sollte man für die famose Küstenstrecke rechnen, fünf Tage, wenn man Zeit an den hübschen Sandstränden verbummelt.
Eine Alternative zu Zeltplätzen und Hüttenzauber sind Komfort-Wanderungen mit Gepäcktransport, behaglicher Herberge und 1A-Verpflegung (Wilsons Abel Tasman, siehe oben). Tageswanderungen sind auch per Boot-Transfers leicht zu organisieren.

INFORMATION
i-Site, 20 Wallace St., Motueka,
Tel. 03 5 28 65 43, tgl. 9.00–17.00 Uhr,
www.motuekaisite.co.nz

5 Takaka

Wer auf serpentinenreicher Straße den 790 m hohen Takaka Hill überquert hat, landet in der wunderschönen Golden Bay – und in Takaka, dem Hauptort der beliebten Ferienregion.
Ein Rundgang durch das bescheidene Zentrum, vorbei an lässigen Cafés und bunt dekorierten Schaufenstern, und man kann ausschwärmen in die weite Bucht: am besten gleich ans Wasser, nach Tata Beach oder Pohara Beach, wo der weiße Sand so weich ist wie Puderzucker.

SEHENSWERT
Rund 6 km westl. stoßen die **Waikoropupu Springs** (auch Pupu Springs genannt, Takaka Valley, www.doct.govt.nz) als größte Süßwasserquelle Neuseelands 14 000 Liter klares Wasser pro Sekunde aus.

ÜBERNACHTEN
Der **€ Pohara Beach Top Ten Holiday Park** (809 Abel Tasman Drive, Pohara, Tel. 0800 76 42 72, www.poharabeach.com) ist ein gepflegter Campingplatz direkt am Strand. In der Nähe gibt es Restaurants und Cafés, vorbei führt die Straße zum Nordeingang des Abel Tasman National Park.

UMGEBUNG
Im knapp 27 km nördlich gelegenen **Collingwood** scheint die Zeit stehen geblieben zu sein. Nur an Sommerwochenenden und in den Sommerferien erwacht der winzige Küstenort zu mehr Leben. Denn hier starten Tagesausflüge zum **Farewell Spit,** der sandigen Nehrung im äußersten Nordwesten – ein Muss für ornithologisch Interessierte (Farewell Spit Eco Tours, 6 Tasman St., www.farewellspit.com).

INFORMATION
i-Site, 16 Willow St, Takaka, Tel. 03 5 25 91 36,
www.goldenbaynz.co.nz

Tipp

Cape Foulwind

Westports schönste Ecke befindet sich 12 km westlich an der Tasmanischen See. Robben fühlen sich auf den Felsen von Cape Foulwind (Abb. unten) wohl, es ist die nördlichste Kolonie des Landes. Ab November mit Jungtieren, die man dann gut entlang des **Cape Foulwind Walkway** beobachten kann. Ausgangspunkt ist der Tauranga Bay Carpark. Auf der anderen Seite der Bucht lädt ein allein stehendes Haus am Wasser zum Übernachten ein: Das **€€€ Bay House** (433 Tauranga Bay Rd., Tel. 03 7 89 41 51, www.bayhouse.co.nz) bietet vier komfortable Studios – reichhaltiges Frühstück inklusive – und märchenhafte Sonnenuntergänge an der Tasmanischen See. Die Nachtruhe wird nur von der Meeresbrandung gestört.

6 Westport

Das Arbeiterstädtchen im nördlichen Teil der West Coast hat lange mehr schlecht als recht vom Kohleabbau gelebt. Touristen unterwegs auf dem SH 8 übersehen den Abzweig nach Westport gerne. Dabei lohnt sich die Stippvisite.

SEHENSWERT
Das **Coaltown Museum** (123 Palmerston St., tgl. 9.00–17.00 Uhr, www.nzmuseums.co.nz) ist ein spannendes Heimatmuseum und eine Hommage an die ehemaligen Bergleute.

INFORMATION
i-Site, 123 Palmerston St., tgl. 9.00–17.00 Uhr,
Tel. 03 7 89 66 58, www.westport.nz

7 Punakaiki

An manchen Tagen stößt die schäumende Brandung der Tasmanischen See hier hohe Wasserfontänen aus den Öffnungen („Blowholes“) im Fels. Wer auf dem beschilderten Rundweg zu nah kommt, muss aufpassen, sonst wird er patschnass. Aber auch ohne das spektakuläre Wasserschauspiel ist der Küstenstrich ein echter Eyecatcher: Die Kalksteinformation erinnert an aufgestapelte Riesenpfannkuchen, deshalb die Bezeichnung „Pancake Rocks“ (siehe „Unsere Favoriten“, S. 97). Das Naturphänomen ist Teil des umgebenden **Paparoa National Park,** einer durchlöcherten Karstlandschaft. Ein Campingplatz (Tel. 03 7 31 18 94, www.punakaikibeachcamp.co.nz) direkt an der wilden Küste empfiehlt sich auch als Schauplatz romantischer Sonnenuntergänge.

ÜBERNACHTEN
Unterwegs vom Paparoa National Park in südlicher Richtung weiter nach Greymouth liegt das **€€€ Breakers** (1367 State Highway 6, Nine Mile Creek, Rapahoe, Tel. 03 7 62 77 43, www.breakers.co.nz) direkt über den Wellen der Westküste. Die ebenso herzlichen wie hilfsbereiten Besitzer Jan und Stephen kennen die Naturschönheiten der Gegend und wissen ihre Gäste dafür zu begeistern.

UMGEBUNG
Greymouth, 45 km südlich, ist eine typische West Coast Town: spröde, etwas verhärmt und überhaupt nicht eitel. Selbst wenn gegen Mittag der Panoramazug TranzAlpine (s. S. 113) seine Passagiere am kleinen Bahnhof zu einem Kurzbesuch entlässt, regt das die Menschen in der Ortsmitte nicht weiter auf. Die Haupttouristenattraktion lockt ohnehin 11 km weiter südlich: Im Freilichtmuseum **Shantytown** (310 Rutherglen Rd., Paroa, tgl. 8.30–17.00 Uhr, www.shantytown.co.nz) wird die Ära der reichen Goldfunde hier an der Küste gegenwärtig. Nur ca. 2 km weiter südl. bearbeitet Garth Wilson das auch als „grünes Gold der Maori“ bekannte Pounamu. Es entstehen prächtige Kunststücke aus Greenstone (63 Rutherglen Rd., Paroa, Mo.–Sa. 9.00–17.00 Uhr, www.garthwilsonjade.co.nz).

Tipp

Mit eigener Hand

Kaufen kann jeder. Aber ein Pounamu-Schmuckstück mit eigenen Händen zu schleifen, dazu bedarf es schon fachgerechter Anleitung. Steve macht es vor, ganz langsam und geduldig. Wer beherzt zupackt, hat den Dreh schnell raus. Was für ein Erlebnis, wenn der matt dunkelgraue Stein sich unter dem Schleifbesteck in ein grün schillerndes Kleinod verwandelt!

Bonz'n Stonz Carving Studio & Gallery 16 Hamilton St., Hokitika, Mo.–Sa. 8.00 bis 17.00 Uhr, Kursdauer: 3–6 Std., www.bonz-n-stonz.co.nz

INFORMATION
i-Site/DOC, Paparoa National Park, Main Rd., SH 6, Punakaiki, tgl. 9.00–18.00 Uhr, Tel. 03 7 31 18 95, www.doc.govt.nz und www.westcoast.co.nz

8 Hokitika

Auch in dieser Kleinstadt ist der Lockruf des Goldes längst verklungen. Jetzt setzt man erfolgreich auf Greenstone bzw. Pounamu, den traditionellen „taonga" (Schatz) der Maori.

EINKAUFEN
Bei **Tectonic Jade** (67 Revel St., tgl. 9.00 bis 17.00 Uhr, www.tectonicjade.com) werden geschmackvolle Preziosen in Grüntönen geschliffen. Ein **Echtheitszertifikat** gibt's bei Waewae Pounamu (39 Weld St., www.waewae pounamu.co.nz).

UNTERKUNFT
Gäste des **€€ Beachfront Hotel** (111 Revel St., Hokitika, www.beachfronthotel.co.nz) haben die Tasmanische See im Ohr und originelle Driftwood-Skulpturen im Blick, sofern ihr Zimmer zum Strand statt zur Straße liegt.

UMGEBUNG
27 km südlich am SH 6 hängt man in **Ross** weiterhin goldigen Zeiten nach (Ross Gold Panning Experience, www.westcoastrailtrail.com).

INFORMATION
i-Site, 36 Weld St., Tel. 03 7 55 61 66, www.hokitika.org

KÖNIGLICH WANDERN

Der Queen Charlotte Track macht einfach Spaß: keine steilen Abschnitte, gut geebnet und beschildert – und meist gutes Wetter. Wer auf Komfort in freier Natur nicht verzichten will, schläft in weichen Betten und speist an reich gedeckten Tafeln.

Die mittelschwere Wanderroute führt durch lichten Wald, der immer mal wieder herrliche Blicke auf die Fjordküste freigibt. Vier Tage sollte man für die gesamte, 67 Kilometer lange Strecke von Ship Cove bis Anakiwa Zeit haben, um auch den einen oder anderen historischen Schauplatz zu würdigen. Wandern ohne Gepäck (Pack Transfer) lässt sich einfach arrangieren. Schneller voran kommt man mit dem Mountainbike, selbst für Anfänger auf dem sportlichen Rad ist der Track geeignet. Am Weg liegen sowohl Zeltplätze als auch ein paar komfortable Unterkünfte mit Restaurants. Reservierungen sind empfehlenswert, auch außerhalb der Hauptsaison.

Am Queen Charlotte Track eröffnet sich den Wanderern oftmals ein herrlicher Blick.

Nur Zeit für eine Tageswanderung innerhalb eines bestimmten Abschnitts, zum Beispiel zwischen Ship Cove und Furneaux Lodge? Kein Problem – ein Boot wird kommen.

Boot-Transfer
Cougar Line, Tel. 0800 50 40 90, www.cougarline.co.nz

Unterkünfte
www.qctrack.co.nz/accommodation/

Mountain Bike Verleih
www.marlboroughsounds.co.nz
Zwischen Dezember und Februar ist die Strecke zwischen Ship Cove und Punga Cove gesperrt.

Hilfreich im Internet
www.qctrack.co.nz
www.doc.govt.nz/parks-and-recreation/places-to-go/marlborough/places/queen-charlotte-sound-totaranui-area/things-to-do/tracks/queen-charlotte-track

www.helicopter.co.nz

Queenstown & Südwesten

BIG SKY, SEEN UND GLETSCHER

Kolossale Gegensätze prägen diesseits und jenseits der hoch aufragenden Southern Alps die landschaftlichen Szenerien: An der Westküste schmelzen massive Gletscherzungen hinter den triefenden Regenwäldern, im Binnenland trotzen Tussockgras-Wiesen der trockenen Sommerhitze. Nervenkitzel verheißt Queenstown.

Gelandet: Fröhliche Eiszeit nach dem Hubschrauberflug auf den Franz-Josef-Gletscher, um den sich eine Legende rankt.

Atemberaubend schöne Panoramen garantiert ein Hubschrauberflug zum Franz-Josef-Gletscher.

Durchblick: Auch der Westland Tai Poutini National Park gehört mit seinen Gletschern zum Welterbe der UNESCO.

Im Aoraki Mount Cook National Park sind 22 Gipfel über 3000 m hoch. Am höchsten (3724 m) ist der Aoraki Mount Cook. Der Maori-Name „Aoraki" bedeutet „der die Wolken durchbricht".

Am Fox-Gletscher: Gutes Schuhwerk ist bei einer Wanderung über das Gletschereis unerlässlich.

NACH EINER MAORI-LEGENDE ENTSTAND DER FRANZ-JOSEF-GLETSCHER AUS DEN GEFRORENEN TRÄNEN EINER JUNGEN FRAU, DEREN GELIEBTER VON EINER LAWINE VERSCHÜTTET WORDEN WAR.

Der Haast Pass ist nur etwas über 560 Meter hoch, trennt aber Welten: das Westland von Central Otago und somit die unwirtliche Wetterseite des Hochgebirges vom geschützten, sonnenbeschienenen Inselinnern. Da bleibt kein Zweifel, wo es sich besser urlauben lässt. Doch nur die schmale Küstenebene an der Tasmanischen See gewährt Zugang zum Westland Tai Poutini National Park, wo imposante Gletscher an steilen Berghängen bis auf 200 Meter Meereshöhe hinabfließen. Die beiden Hauptattraktionen hier sind der Franz-Josef- und der Fox-Gletscher, beide wenige Kilometer vom Highway entfernt.

DAS GROSSE SCHRUMPFEN

Nach einer Maori-Legende entstand der Franz-Josef-Gletscher aus den gefrorenen Tränen einer jungen Frau, deren Geliebter von einer Lawine verschüttet worden war. Tatsächlich sind es wohl eher die kräftigen Westwinde, die hier an der Küste die Schneemassen in hoch gelegene Mulden treiben, wo sie vereisen und unter Druck nach unten ins Tal rutschen – jeden Tag bis zu vier Meter weit. Weinen könnte man aber über die hier wie anderenorts sichtbaren Folgen des Klimawandels: Beide Gletscher sind in den letzten zwei Jahrzehnten enorm geschrumpft, im Volumen und in der Länge. Sehr anschaulich dokumentieren das Luftaufnahmen. Besucher, die noch vor wenigen Jahren die Gletscherzungen vom Talboden aus bestiegen haben, müssen heute Abstand halten, weil das rasch schmelzende Eis zu weich ist und einzubrechen droht.

EISKALTE LANDUNG

Wer die West Coast bereist, will die Gletscher im Westland Tai Poutini National Park sehen. Am liebsten aus nächster Nähe. Weil auch die früher von Eis bedeckten Berghänge instabil und für Klettertouren nicht sicher genug sind, bleibt nur noch der Luftweg per Helikopter hinauf zur Gletscherwanderung. Was die Kosten für den Ausflug in die Höhe treibt und bei gutem Flugwetter schnell zu Engpässen führt. Übrigens sollte man sich von tief hängenden Wolken nicht einschüchtern lassen. Denn meist bietet die Bergwelt oberhalb beste Aussichten bei strahlend blauem Himmel – selbst für eine Landung auf dem vielleicht doch nicht ewigen Eis.

QUEENSTOWN IST BOOMTOWN

Dort, wo die ansonsten stillen Ufer des Lake Wakatipu eine scharfe S-Kurve beschreiben, pulsiert das touristische Herz Neuseelands: Queenstown ist der Fremdenverkehrsort Nummer eins, und zwar

In bester Lage: Etwa in der Mitte des gut 75 km langen Lake Wakatipu schmiegt sich Queenstown an eine weite Bucht des Ostufers.

das ganze Jahr über – Einheimische erinnern sich noch an die Zeiten, als nach einer heißen Sommersaison im Mai Ruhe einkehrte und man geduldig auf die Wintersportler wartete. Längst vorbei.

Tatsächlich ist Queenstown immer eine Reise wert: zum Frühlingserwachen in klarer Bergluft, wegen des sonnigen Wetters während der Sommerferien, zur Weinlese im Herbst, zum Skifahren und Snowboarden im Winter oder einfach nur mal so zwischendurch. Ohne frühzeitige Reservierung ist oft keine Unterkunft zu bekommen. Weit über eine Milliarde Neuseeland-Dollar jährlich beschert der Tourismus der kleinen Stadt am Seeufer. Das treibt die Preise in die Höhe, für Besucher wie für Ansässige, die an den astronomisch hohen Immobilienpreisen in und um Queenstown verzweifeln.

THRILL, THRILLER, BUNGY

Sich kopfüber in die Tiefe zu stürzen, gesichert nur von einem um die Fußfesseln gewickelten Latexseil, ist nicht jedermanns Sache. Doch wer den Bungy Jump wagt, wird leicht zum Wiederholungstäter – so gewaltig wirkt der Adrenalinausstoß des „ultimate thrill", und das gilt für den 134-Meter-Jump (Nevis Valley) genauso wie für den aus 43 Metern Höhe (Kawarau Bridge). Der kleinere Jump hat mehr Tradition: Im November 1988

Special

Wintersport in Neuseeland

Hochsaison für Skiwis

Im Juni beginnt die Wintersportsaison in der südlichen Hemisphäre, werden die Pisten für Ski- und Snowboardfahrer präpariert. Besonders attraktiv: der Blick vom schneeweißen Berg ins immergrüne Tal.

Die Schneefallgrenze liegt bei 1000 Meter. Wenn es mal tiefer hinabschneit, bleibt die weiße Pracht nicht lange liegen. Die meisten Skigebiete befinden sich auf der Südinsel bei Wanaka und Queenstown. Auf der Nordinsel liegt das größte und spektakulärste Wintersportzentrum am Mount Ruapehu, einem recht aktiven Vulkan, der in der Vergangenheit schon mal die Skisaison dahinschmelzen ließ. Neben den kommerziellen, mit Schneekanonen und anderem Schnickschnack ausgestatteten Liftanlagen gibt es auch kleine, einfache Club Fields, wo die Skiwis meist unter sich bleiben. Aber viele Skiurlauber reisen inzwischen auch aus Australien und dem asiatischen Raum an, vor allem aus Japan. Als Mekka für Snowboarder gilt die Cardrona bei Wanaka mit einer Vielzahl von Parcours und Pipes. Von Skizirkus aber gibt es keine Spur, leider auch nicht von Après-Ski, der weder in den funktional ausgestatteten Hütten am Berg noch im Tal aufkommen will, von Queenstown mal abgesehen.

Am Coronet Peak in Queenstown

Weitere Infos: www.snow.co.nz, www.skiandride.nz, www.nzski.com, www.mtruapehu.com

Links: ein Fassmacher in der Cardrona Distillery. Rechts: Idylle im Cardrona Valley.

Einladend: das Cardrona Hotel mit Restaurant, Bar und schönem Garten im Hinterhof

An der Hauptstraße von Arrowtown, das mit seinen mehr als 50 erhaltenen Gebäuden aus dem 19. Jh. als Vorzeigebeispiel einer Goldgräberstadt gilt.

Abenteuertour im Shotover Jet am Arthurs Point bei Queenstown

Deutlich beschaulicher zu geht es mit dem bereits im Jahr 1912 erbauten Dampfschiff TSS Earnslaw auf dem Lake Wakatipu.

wurde auf der historischen Brücke die erste kommerzielle Bungy-Anlage eingerichtet; eine Erfindung zweier junger Neuseeländer namens Henry van Asch und Alan John Hackett. Letzter betreibt mit dem Unternehmen „AJ Hackett" heute eine ganze Reihe von abenteuerlichen Aktivitäten weltweit.

STILLER SEE

Jet Boats, Rafting, Gleitschirmflüge, Fallschirmsprünge, jede Menge Souvenirläden und eine lebhafte Gastronomie – wer es ruhiger haben möchte als im agilen, lebenslustigen Queenstown, fährt nur 40 Minuten auf einer herrlichen Panorama-Route, der Crown Range Road, nach Wanaka – und schon kehrt Stille ein. Die entspannte Sommerfrische am gleichnamigen See empfiehlt sich zwar ebenfalls als Ganzjahresziel, selbst für Wintersportler, allerdings ganz ohne jeden Rummel. Wanaka erfreut sich einer sehr speziellen, stetig wachsenden Fangemeinde, die beschauliche und erholsame Urlaubstage in reizvoller landschaftlicher Umgebung zu schätzen weiß.

GEISTERSTUNDE UNTERM BIG SKY

Wo sich nichts als ausgedehnte Tussock-Wiesen zwischen winzigen Ortschaften und einsamen Farmen erstrecken, liegt der entlegene Teil von Central Otago. Hindurch führt der SH 85, eine einsame Landstraße mit Kurs auf einen Horizont, der endlos weit entfernt scheint. Über allem ein mächtiges Himmelsgewölbe, das der Region die ehrfürchtige Bezeichnung „Big Sky Country" eingebracht hat. Hier griffen im letzten Drittel des 19. Jahrhunderts Tausende von Goldsuchern nach den Sternen. St. Bathans war damals „the place to be". Einige Bauten aus der Goldrauschära stehen noch in der Einöde – im Zimmer mit der Nummer 1 des historischen Vulcan Hotel soll bis heute der Geist von Rose, einer jungen Prostituierten, umgehen, die hier in den 1880er-Jahren erwürgt aufgefunden wurde. Sie erscheint nur männlichen Gästen, poltert im Dunkeln durch den Raum, verriegelt Türen und macht das Licht an, heißt es …

FREIE FAHRT OHNE SCHIENEN

Als das Gold Central Otagos ausgebeutet war, sollte eine Eisenbahnverbindung zur Küste wirtschaftlichen Aufschwung in die Region bringen. Doch es dauerte vier Jahrzehnte, bis die Otago Central Railway 1921 die Endstation in Cromwell erreichte. So richtig in Fahrt kam die Eisenbahnlinie aber auch in den nachfolgenden Jahren nie, vielleicht, weil der Transport auf den immer besser ausgebauten Straßen zunahm. Im Jahr 1980 war der Zug dann endgültig abgefahren, als der Abschnitt zwischen Clyde und Cromwell dem gestauten Lake Dunstan weichen musste, elf Jahre später waren dann auch die Schienen bis Middlemarch im Osten entfernt: Schade um die mühevoll geebnete Trasse, dachten sich ein paar vorausschauende Leute bei der Behörde und bewirkten, dass der Otago Central Rail Trail eröffnet wurde: Die 152 km lange Route für Wanderer und Radfahrer folgt der alten Eisenbahnlinie und ist eine wunderbare Art, Central Otago zu bereisen – fern der Hauptdurchgangsstraßen und dicht dran an den alten Goldgräbergeschichten.

„BIG SKY COUNTRY" LAUTET DIE EHRFÜRCHTIGE BEZEICHNUNG FÜR DIESE REGION.

Mit 291 km Fläche ist der Lake Wakatipu (hier bei Glenorchy) der zweitgrößte See der Südinsel (nach dem Lake Te Anau).

Im Fiordland National Park: Vom Arthur River Valley führt der Weg weiter zum Milford Sound, dem vielleicht schönsten Ort am schönsten Ende der Welt.

Die neuseeländische Dichterin Blanche Baughan bezeichnete den Milford Track als „schönsten Wanderweg der Welt".

Links: Faszination Natur am Milford Track. Während die Kaskaden der Mackay Falls unaufhörlich nach unten stürzen, putzt ein Kea sein Gefieder.

Auf der rund 53,5 km langen Strecke des Milford Track passiert der Wanderer Hängebrücken, Holzstege und einen Bergpass.

SAUBERE LUFT UND STERNENKLAR

Weiter nördlich erhebt sich das Plateau des Mackenzie Country – auch keine belebte Gegend, wenn man vom recht stark befahrenen SH 8 absieht, auf dem sich Touristen dem höchsten Berg des Landes nähern und an wolkenlosen Tagen den 3724 Meter hohen Aoraki Mount Cook bereits am Straßenrand im Visier haben. Selbst bei Nacht gibt es hier tolle Aussichten: nach oben, in den Sternenhimmel, der dank der minimalen Luftverschmutzung und der geringen Beleuchtung nirgendwo sonst auf der Erde so klar erscheint.

Außerdem ist der feuchte Ozean fern, und die umgebenden Bergketten halten Wolken ab. Am Lake Tekapo lassen zwei Observatorien in der Dark Sky Reserve bei interessanten Führungen das „Kreuz des Südens“ noch klarer erblicken.

PARADIES FÜR FORTGESCHRITTENE

Ausgedehnte Urwälder bedecken den gebirgigen Südwesten der Südinsel: eine abweisende, kaum zugängliche Region, wären da nicht einige Hundert Kilometer bestens präparierter Wanderwege durch die unbesiedelte Wildnis.

Die meisten führen in den 12 500 Quadratkilometer großen Fiordland National Park – in eine unberührte Natur bis hin zur sensationellen Fjord-Küste; nur der berühmte Milford Sound ist mit dem Auto erreichbar. Kepler und Routeburn sowie der als prächtigste Wanderroute gelobte Milford Track gehören zu den „Great Walks“, die einen jeweils mehrere Tage von der Zivilisation fernhalten.

Eine Wandergegend wie aus dem Bilderbuch, aber anspruchsvoll. Rasche Wetterwechsel sind an der Tagesordnung, das ganze Jahr über kann es stark regnen und kräftig stürmen, Schneefall in den Hochlagen ist keine Seltenheit.

Wer ohne vernünftige Ausrüstung losmarschiert, hat das Nachsehen – und trifft auf wenig Verständnis bei den Einheimischen, die immer wieder leichtsinnige Touristen in Notlagen aus den Bergen retten müssen.

Spektakuläre Naturräume

WUNDERBARE WILDNIS

Neuseeland ist voll von spektakulären Naturräumen. Auf relativ kleiner Fläche grenzen Hochgebirge oder Sandstrände an Regenwälder, wachsen Riesenbäume in den Himmel und schießen heiße Wasserfontänen aus der Erde; in der Unterwelt warten Höhlenabenteuer, auf hohen Bergen ruhelose Vulkankrater. Und keine Angst vor tierischen Begegnungen: Der friedfertigen Fauna kann man getrost näher kommen.

6

5

1 Waipoua Forest

Man wird ganz demütig angesichts der uralten Baumgiganten im Kauri-Wald. Rekordhalter ist der 52 m hohe und 1250 Jahre alte „Tane Mahuta", von den Maori als „Gott des Waldes" verehrt. Viele kurze und längere Wanderpfade durchziehen das Waldgebiet, gut ausgeschildert entlang des SH 12. Tipp: Naher und freundlicher Übernachtungsplatz ist der Kauri Coast Top Ten Holiday Park.

7 Opouteke Rd., Dargaville, www.kauricoasttop10.co.nz

2 Ruakuri Cave

Ein spiralförmiger Einstieg führt tief unter die Erde in die wohl eindrucksvollste Höhle der Karstlandschaft bei Waitomo: hin zu bizarr geformten Tropfsteinformationen, funkelnden Glühwürmchen und Wasserfällen, die zwar zu hören, aber nicht zu sehen sind. Der Höhlenbesuch ist nur im Rahmen einer geführten Tour möglich – angeblich die längste geführte Wanderung im Untergrund überhaupt.

585 Waitomo Caves Rd., Waitomo, tgl. ab 9.00 Uhr mehrere Führungen, Dauer: ca. 2 Std., www.waitomo.com

3 Mount Ruapehu Crater Climb

Die Bergwanderung beginnt ganz harmlos: Ein Sessellift fährt auf über 2000 m Höhe. Oben geht es nur zu Fuß weiter, immer steil bergauf über schroffen Vulkanfels und ohne Routenmarkierung. Das ist kein Spaziergang, sondern eine Herausforderung für Kondition und Fitness. Belohnt wird die Anstrengung mit einem tiefen Blick in den Krater des aktiven und mit 2797 Metern höchsten neuseeländischen Vulkans. Hinzu kommt eine atemberaubende Rundumsicht – bei klarem Wetter bis zur Küste. Empfehlenswert ist es, sich einer geführten Bergtour anzuschließen: ab Whakapapa Village, Mount Ruapehu, SH 48, Dauer: ca. 7 Std. hin und zurück.

www.doc.govt.nz/parks-and-recreation, www.adriftnz.co.nz

4 Cape Kidnappers Gannet Reserve

Sie landen wie Bruchpiloten und wirken unsicher auf den Beinen, aber in der Luft sind Tölpel hervorragende Segelflieger. Aus nächster Nähe kann man die Seevögel am Cape Kidnappers, 22 km südöstl. von Napier, in einer großen Festlandkolonie beobachten.

Gannet Beach Adventures, 475 Clifton Rd., Te Awanga, Dauer: 4 Std., www.gannets.com. Durch das Hinterland fahren 4wd-Busse (Gannet Safaris, 396 Clifton Rd., Te Awanga, Dauer: 3 Std., www.gannetsafaris.co.nz)

5 Whale Watch

Wale in Sicht! Dafür ist Kaikoura berühmt: In der kleinen Hafenstadt starten stabile Katamarane zu Whale-Watch-Touren. Zu bestaunen gibt es bis zu 20 m lange Pottwale, die sich hier vor der Küste beim Luftholen aus den Pazifikwogen stemmen. Im besten Fall bleiben dann zehn Sekunden, um auf den Auslöser der Kamera zu drücken. Pro Tour tauchen ein bis zwei Wale auf. Falls nicht, werden 80 Prozent des Preises zurückerstattet. Tipp: frühzeitig reservieren und morgens anfragen, ob das Wetter das Auslaufen der Boote zulässt.

Whaleway Station, Whaleway Rd., Kaikoura, www.whalewatch.co.nz

6 Pancake Rocks

Tatsächlich sehen die Kalksteinfelsen hier an der West Coast aus wie riesige, übereinandergeschichtete Pfannkuchen. Dabei handelt es sich nicht um eine Laune der Natur, sondern um das Resultat steter Erosion von Wind und Wasser. Ein 20-minütiger, gut ausgebauter Rundweg führt oberhalb der schäumenden Brandung dicht vorbei an spritzigen Blowholes, aus denen bei Flut Fontänen schießen – reizvolle Kulisse auch für einen stimmungsvollen Sonnenuntergang.

SH 8, Punakaiki, Paparoa National Park, www.doc.govt.nz

7 Royal Albatross Centre

Wenn es so richtig windet am Tairua Head, hält die Königsalbatrosse nichts mehr am Boden: mit ihren weiten Schwingen segeln sie majestätisch durch die Lüfte. Zurück kommen die großen Seevögel nur, um die Jungen zu füttern. Die schlüpfen von Januar bis Februar und machen sich, flügge geworden, im September davon. Zur weltweit einzigen Festlandkolonie gehört ein anschauliches Informationszentrum. Fernstecher mitnehmen!

1260 Harrington Point Rd., Otago Peninsula, tgl. Führungen 10.00–15.00 Uhr, www.albatross.org.nz

8 Kiwi Spotting

„Kein Blitzlicht, nicht reden und mindestens einen Meter Abstand!" Wer sich an diese Regeln hält, hat auf Stewart Island im Rahmen einer geführten Tour gute Chancen, einen Kiwi in freier Wildbahn zu Gesicht zu bekommen. Eine Garantie gibt es nicht, doch die Erfolgsquote soll bei 98 Prozent liegen (falls sich kein Kiwi blicken lässt, wird der volle Preis erstattet). Los geht es in der Dämmerung mit einer Schifffahrt zu einer abgelegenen Bucht, in der viele heimische Southern Brown Kiwis im Dunkeln auf den Stränden nach Nahrung suchen.

Wild Kiwi Encounter, REALnz, Oban, Stewart Island, ab Main Wharf, tgl. 17.30–20.30 Uhr, Dauer: ca. 4 Std., www.realnz.com/en/experiences/tours/stewart-island-wild-kiwi-encounter

Maßstab 1:2.000.000
0
40 km
SOUTH ISLAND
PACIFIC OCEAN
Rundflug?
Fjord-Tour
Stop
1
2
3
4
5
6
7
8
Ross
Historic Mining T
173
Abut Head
Harihari
Okarito
Whataroa
Mt. Whitcombe 2644
Newton Pk. 2545
Westland
Franz Josef
Franz Josef Glacier
Gillespes Beach
Fox Glacier
Fox Glacier
Mt. Tasman 3498
Mount Cook
Nat. Park
Aoraki Mt. Cook 3764
Mount Cook
Jacobs River
The Thumbs 2545
Lilybank
Mt. Misery 2294
Two Thumb Ra.
1951
Ben McLeod
Lake Moeraki
Lake Paringa
Haast Beach
332
Mt. McFarlane 2057
Haast River
Haast
Landsborough R.
Gammack Ra.
Lake Tekapo
Lake Tekapo
Sherwood Downs
Okuru
Jackson Head
Jackson Bay
Jackson Bay
Cascade Point
Lake Ellery
Mt. Aspiring
Makarora
(563)
Haast Pass
Mt. Huxley 2499
Ben Ohau Range
Lake Pukaki
Burke Pass
Fairlie
Albury
Tekapo Riv.
Awarua Point
Big Bay
Olivine Ra.
Pollux 2542
National
Mt. Aspiring 3033
Park
Mt. Saint Mary 2332
L. Ohau
Twizel
Chamberlain
Lake Wilmot
Lake McKerrow
Lake Wanaka
Lake Hawea
Haldon
L. Benmore
Mt. Nimrod 1518
Cattle Creek
Omarama
Yates Point
Milford Sound
Mt. Tutoko 2746
(971)
Lindis Pass
296
Otematata
L. Aviemore
Hunter
Sutherland Sound
Bligh Sound
Milford Sound
Homer Tunnel
Lake Hawea
St. Bathans 2088
Hawkdun Ra.
Hakataramea
Waimate
Arno
George Sound
Mackinnon Pass (1154)
Richardson Mts.
3265
Shotover Riv.
Wanaka
Luggate
Lindis Valley
Kurow
Ikawai
Sutherland Falls
Milford Track
Glenorchy
Cardrona
Tarras
St. Bathans
Duntroon
Tawai
Caswell Sound
Charles Sound
Arrowtown
(1076)
Pisa Ra.
Historic Goldfields
Naseby
Waitaki Riv.
Fiordland
Queenstown
Frankton
Lowburn
Lake Dunstan
Becks
Lauder
Ngapara
Nancy Sound
Thompson Sound
Lake Te Anau
Cromwell
Bannockburn
Omakau
Observatory
Ranfurly
Livingstone
Five Forks
Secretary I.
Doubtful Sound
Te Anau Downs
Lake Wakatipu
James Pk. 2072
Poolburn
Waipiata
Kyeburn
Incholme
Maheno
Mt. Lyall 1905
Eyre Peak 1968
The Remarkables
Clyde
Galloway
Herbert
Kakanui
Dagg Sound
National
Glowworm Caves
Kingston
Alexandra
Patearoa
Morrisons
Hyde
Hampden
Moeraki
Te Anau
Lake Manapouri
Eyre Mts.
Garvie Mts.
168
Fruitlands
Kakanui Mts.
Dunback
Macreas Flat
Deep Cove
Wilmot Pass (617)
The Key
Mararoa Riv.
Athol
Greenland Res.
Middlemarch
Roxburgh Hydro
Manapouri
234
Waikaia Riv.
Taieri River
Hummock 736
Palmerston
Breaksea Sound
Resolution Island
Five Rivers
Roxburgh
Lake Onslow
Clutha Riv.
Waikouaiti
Dusky Sound
Takitimu Mts.
Mossburn
Lumsden
Waikaia
Millers Flat
Clarks Junction
Blueskin Bay
Monowai
Lake Monowai
Lintley
Ardlussa
Moa Flat
Raes Junction
Beaumont
L. Mahinerangi
Orokonui Ecosanctuary
Waitati
Otago Harbour
West Cape
Park
Avondale
Oreti R.
Dipton West
Dipton
Kingston Crossing
Riversdale
Heriot
Edievale
Outram
Mosgiel
Port Chalmers
Taiaroa Head
Larnach Castle
Otago Pen.
Cameron Mts.
L. Hauroko
Ohai
Nightcaps
Wreys Bush
Waikaka
Mandeville
Kelso
Tapanui
Lawrence
Berwick
Allanton
DUNEDIN
Cape Providence
Chalky Inlet
Clifden
Orawia
Centre Bush
Tuapeka Mouth
Waihola
Taieri Mouth
Preservation Inlet
Puysegur Pt
Lake Poteriteri
Tuatapere
Otautau
Drummond
Winton
Hedgehope
Gore
Mataura
Waipahi
Mount Stuart
Milton
Te Waewae Bay
Orepuki
Fairfax
Wilsons Crossing
Waimumu
150
Clydevale
Balclutha
Long Point
Pahia Point
Thornbury
Edendale
Clinton
Kaitangata
Colac Bay
Riverton
Wallacetown
Lorneville
Wyndham
Purekireki
Molyneux Bay
Raratoka I.
Invercargill
Woodlands
Mokoreta
Mt. Pye 720
Kaka Point
Nugget Point
Glenham
Owaka
Gorge Road
Mataura Riv.
The Catlins
Greenhills
Barracouta Pt.
Tokanui
Solander I.
Bluff
Tiwai Point
Fortrose
Toetoes Bay
Waipapa Pt.
Waikawa
Slope Pt.
Papatowai
Tahakopa Bay
Cathedral Caves
Porpoise Bay
Ruapuke I.
Green I.
Foveaux Strait
Codfish Island
Mt. Anglem 980
Hazelburgh Group
Mason Bay
Rakiura National Park
Oban
Bench I.
Ernest Island
Paterson Inlet
Doughboy Bay
Mt. Allen 750
East Cape
Shelter Point
Big Moggy Islands
Stewart Island
Muttonbird Islands
Pearl I.
Port Pegasus
Southwest Cape

ACTION, FUN, HÜTTENZAUBER

Ausflüge ins Hochgebirge, auf Gletscher und nach Stewart Island lassen ebenso wenig Langeweile aufkommen wie der Abenteuerspielplatz Queenstown. Wanderer im Fjordland sind dagegen tagelang in einsamer Wildnis unterwegs und verbringen zauberhafte Nächte in einfachen Hütten am Weg.

1 Queenstown

Eine eigene Destination für australische oder asiatische Besucher, die mit internationaler Airline direkt auf dem von Bergen flankierten Flugplatz landen: Neuseelands bedeutendstes Touristenzentrum hat trotz Ganzjahressaison, dem Überangebot an Aktivitäten zu Wasser, zu Lande und in der Luft auch seine ruhige(re)n Seiten in naturbelassener Umgebung.

ERLEBEN

An Bord des schmucken **Oldtimer-Dampfers TSS Earnslaw** eine Runde über den riesigen Lake Wakatipu zu drehen gehört zu den geruhsameren Aktivitäten in Queenstown. Warum nicht übersetzen zur **Walter Peak High Country Farm** inklusive unterhaltsamer Schafshow und Barbecue bzw. Dinner (TSS Earnslaw Steamship Cruises, REALnz Visitor Centre, Steamer Wharf, 88 Beach St., Dauer: ab 90 Min., www.realnz.com). Auf der historischen **Kawarau Suspension Bridge,** 30 Fahrminuten außerhalb, begann der Siegeszug des Bungy Jump: ideal für Anfänger, die hier „nur" aus 43 m Höhe springen und dabei von massenhaft Zuschauern beklatscht werden. Auch Tandem-Sprünge sind möglich (AJ Hackett Kawarau Bungy Centre, SH 6, www.bungy.co.nz). **Heli-Rundflüge** bucht man z. B. bei www.glaciersouthernlakes.co.nz.

UNTERKUNFT

Frisch zubereitete Köstlichkeiten zum Frühstück gehören zum Service im **€€€ Chalet Queenstown** (1 Dublin St., Tel. 03 4 42 71 17, www.chaletqueenstown.co.nz), einem behaglichen Boutique-Hotel mit sieben unterschiedlichen Zimmern. Fünf Gehminuten ins Zentrum. Seeblick und Bergpanorama in allen Villas und Suites: Die geschmackvoll ausgestattete Anlage **€€€ Villa Del Lago** (249 Frankton Rd., Tel. 0800 84 55 23, www.villadellago.co.nz) liegt zwar etwas außerhalb am Ufer, doch Queenstown ist fußläufig erreichbar.

UMGEBUNG

20 km nordöstlich hält das hübsche Dörfchen **Arrowtown** die Erinnerung an goldige Zeiten wach, als hier Mitte des 19. Jh.s wahre Reichtümer aus dem gurgelnden Arrow River gewaschen wurden – anschaulich dokumentiert im Lakes District Museum & Art Gallery (9 Buckingham St., tgl. 8.30–17.00 Uhr, www.museumqueenstown.com). Auch ein Spaziergang durch das **Chinese Settlement** (www.doc.govt.nz) am Flussufer vermittelt einen Eindruck vom entbehrungsreichen Leben damals. 46 km auf einer tollen Panoramastraße sind es von Queenstown bis zur Nordspitze des Lake Wakatipu nach Glenorchy, der letzten Ansiedlung vor der gebirgigen, waldreichen Wildnis von **Mount Aspiring** und **Fiordland National Park.** Hinein gelangt man von hier aus zu Fuß, z. B. auf dem 32 km langen **Routeburn Track** (www.doc.govt.nz). Am Ufer des **Dart River** starten Ausflüge im Jet Boat oder Funyak, wie die luftgefüllten Kajaks heißen (Dart River, www.dartriver.co.nz).
Zwei Gründe, die verschlafene Ortschaft **Clyde** anzusteuern: Hier beginnt bzw. endet der **Otago Central Rail Trail** TOPZIEL, eine über 150 km lange Wander- und Rad-Route auf einer stillgelegten Eisenbahntrasse durch die dünn besiedelte Weite des Binnenlandes (www.otagocentralrailtrail.co.nz), und hier bietet **€€/€€€ Olivers Lodge and Stables** seinen Gästen in der Lodge Behaglichkeit in historischem Ambiente sowie gute Küche im Restaurant (34 Sunderland St., www.olivers.co.nz). Von den alten Goldgräbertagen zeugt **St. Bathans** mit historischem **€ Vulcan Hotel** (Loop Rd., Tel. 03 4 47 36 29), in dem es spuken soll.

INFORMATION

i-Site, Ecke Camp/Shotover St., Queenstown, Tel. 03 4 42 41 00, www.queenstownnz.co.nz

2 Wanaka

Völlig entspannt ruht der Ort am gleichnamigen See. Vom kleinen Zentrum mit einigen Läden, Restaurants, Cafés und Eisbuden sind es nur wenige Schritte bis zum unbebauten Ufer. In der Hochsaison über Weihnachten und Ostern sollte der Übernachtungsplatz allerdings fest gebucht sein.

SEHENSWERT/MUSEUM

Stuart Landsborough hat sich schon vor Jahrzehnten für Illusionen interessiert und begonnen, Besucher seiner **Puzzling World** mit ausgefuchsten Täuschungsmanövern in die Irre zu führen. Der Irrgarten draußen ist eine echte Herausforderung, die kniffeligen Rätsel drinnen überbrücken Schlechtwettertage (188 Wanaka-Luggate Hwy/SH 84, tgl. 8.30–17.00 Uhr, www.puzzlingworld.co.nz).
Grandios ist die kunterbunte Sammlung von Oldtimern, Spielzeugautos, aber auch Puppen

Oben: Eisbar Minus 5° an der Steamer Wharf in Queenstown. Rechts oben: Blick auf Wanaka mit dem gleichnamigen See. Darunter: Partytime in Queenstown.

Tipp

Den Pass entlang

Die Panorama-Route der Crown Range Road ist die höchste Passstraße in Neuseeland. Sie verbindet Wanaka mit Queenstown und führt vorbei am **€€ Cardrona Hotel** (20 Min. Fahrtzeit, tgl. Breakfast, Lunch, Dinner, hübscher Biergarten und urige Zimmer im Anbau, Tel. 03 4 43 81 53, www.cardronahotel.co.nz), einem Gasthaus aus Goldgräbertagen unterhalb des im Winter populären Cardrona Ski Field (www.cardrona.com) und nicht weit von der **Cardrona Distillery** (Abb. unten) entfernt, wo ziemlich Hochprozentiges mit viel Leidenschaft hergestellt wird (tgl. 9.00 bis 17.00, 90-Min.-Führungen zwischen 10.00 und 15.00 Uhr, www.cardronadistillery.com).

und weiterem Krimskrams mit hohem Andenkenfaktor im **National Tansport and Toy Museum** (Wanaka Airport, SH 6, www.nttmuseumwanaka.co.nz).
Weit entfernt von jeder Zivilisation liegt die **€€€ Wild Earth Lodge** (5392 Makarora Lake Hawea Road, Makarora, Tel. 03 4 43 46 28, http://wildearthlodge.co.nz), mit der sich Pete und seine Frau Janine ein kleines Paradies geschaffen haben. Wenige Minuten zu Fuß von der Unterkunft können die Gäste fischen oder jagen, Pete begleitet sie dabei. Auf den Tisch kommen nur Selbstgejagtes und -gefischtes sowie Gemüse aus dem eigenen Garten.

INFORMATION
i-Site, 103 Ardmore St., Wanaka, Tel. 03 4 43 12 33, www.lakewanaka.co.nz

3 Lake Tekapo

Der Ort am gleichnamigen See lohnt mindestens eine Übernachtung unterm Sternenhimmel.

SEHENSWERT
Ausgesprochen fotogen wurde die **Church of the Good Shepherd** (tgl. 9.00–17.00 Uhr) am Seeufer platziert – zu Ehren der Pioniere im Mackenzie Country. Drinnen bietet ein Panoramafenster Blick auf die Hochgebirgslandschaft, draußen erinnert die Bronzestatue eines Hütehundes an die Verdienste der Tiere auf den entlegenen Schafweiden.

ERLEBEN
Zu **Dark Sky Project** gehören zwei Observatorien am Mount John und Cowans Hill, die Besucher in die sternenklarsten Nächte der Welt hinaufblicken lassen (Buchungsbüro im Ort am Seeufer, verschiedene Führungen, Dauer: bis zu 2 Std., www.darkskyproject.co.nz).

INFORMATION
Visitor Information Centre, SH 8, Tel. 03 6 80 66 86, www.mackenzienz.com

4 Aoraki Mount Cook Village

Die zweckmäßig angelegte Siedlung am Fuße des **Aoraki Mount Cook** **TOPZIEL** liegt in einer Sackgasse am Ende des knapp 60 km langen SH 80. Touristenausflüge in die Hochgebirgsregion des **Aoraki Mount Cook National Park** bestimmen den Alltag. Die meisten Besucher bleiben oft nur über Nacht.

SEHENSWERT/ERLEBEN
Das **Sir Edmund Hillary Alpine Centre** erinnert im Hermitage Hotel (www.hermitage.co.nz) an den neuseeländischen Bergsteiger. Eine ganze Reihe von Wanderrouten durchziehen den Nationalpark rund um den 3724 m hohen, schneebedeckten Berg. Für mehrtägige Aufstiege in Hochlagen sollte man fit und trainiert sein und sich aus Sicherheitsgründen einem erfahrenen Bergführer anschließen (Alpine Recreation, www.alpinerecreation.com). Alternativ zeigen bequeme Kurzwanderungen reizvolle Ecken des Berglandes: Der **Hooker Valley Track** zu einem Gletschersee beschert bei klarem Wetter herrliche Ansichten des Aoraki Mount Cook (ab Village, Dauer: 2 Std. hin), ebenso der **Kea Point Walk** zu einer Aussichtsplattform (ab Village, Dauer: 1 Std. hin). Exklusivität verheißt **Tasman Glacier Heli-Hiking:** Ein Helikopter besorgt den Transfer zur zweistündigen Eiswanderung auf dem Tasman Glacier, mit 25 km der längste Gletscher des Landes (Southern Alps Guiding, ca. 550 NZ$, www.mtcook.com/tasman-glacier-heli-hiking).

INFORMATION
Das eindrucksvoll gestaltete Aoraki Mount Cook National Park Visitor Centre ist eine Sehenswürdigkeit für sich. 1 Larch Grove, Aoraki Mount Cook Village, Tel. 03 4 35 11 86, www.doc.govt.nz, www.mackenzienz.com

5 Franz Josef

Der kleine Touristenort funktioniert gut als Basislager für Aus- und Rundflüge in Gletscherhöhen.

ERLEBEN
Wer sich mit Fernblicken auf den Franz Josef Glacier begnügt, folgt der Beschilderung zum Parkplatz 5 km südl. der Ortschaft. Hier beginnt der **Franz Josef Valley Walk** über ebenes Terrain bis zur Absperrung (1 Std.). Ein Helikopterflug inkl. Landung auf dem Gletscher – nicht preiswert, aber ein unvergessliches Erlebnis (Franz Josef Heli Hike, The Helicopter Line, www.helicopter.co.nz). Gutes Wetter animiert zu einem Rundflug über das eisbedeckte Hochgebirge der **Southern Alps.** Bei der Grand Traverse bieten sich betörende Ansichten von Franz-Josef- und Fox-Gletscher, auch vom **Aoraki Mount Cook** auf der anderen Seite. Ideal für Luftaufnahmen: Die kleinen Maschinen verfügen nur über Fensterplätze. Sollte das Flugwetter im Osten besser sein, ist der Rundflug ab Lake Tekapo möglich (Air Safaris, Main Rd., ca. 1 Std., www.airsafaris.co.nz).

UMGEBUNG
25 km entfernt bietet der westlich gelegene **Fox-Gletscher** ähnlich eiskalte Erlebnisse. Etwas mehr als 2 km sind es von der gleichnamigen Ortschaft zum beschilderten Abzweig, der am Parkplatz endet: Start des **Fox Glacier Valley Walk** bis zum Aussichtspunkt vor den Absperrungen. Helikopter-Flüge starten im Ort. An ruhigen, unbewölkten Tagen fahren Frühaufsteher zum Parkplatz vor dem **Lake Matheson**, um eine 45-minütige Wanderung zum **View of Views** am Ufer zu unternehmen: Hier spiegeln sich im stillen See die umliegenden Hochgebirgsgipfel. Nur etwa 30 Menschen leben in der provisorisch anmutenden Küstensiedlung **Okarito** 30 km nördl., dafür umso mehr weiße Reiher. Denn bei der Lagune am Ufer des **Waiangiroto River** haben die von den Maori verehrten Vögel (Kotuku) ihre Nistplätze – die einzigen in ganz Neuseeland. Hin darf man zwischen Okt. und Ende Febr., allerdings nur mit einem Permit. Besser schließt man sich einer geführten Tour an (White Heron Sanctuary Tours, Whataroa, mehrmals tgl., Dauer, 2,5 Std., www.whiteherontours.co.nz).

INFORMATION
i-Site, 69 Cron St. Franz Josef, tgl. 9.00 bis 17.00 Uhr, Tel. 0800 35 47 48, www.glaciercountry.co.nz; Westland Tai Poutini National Park: www.doc.govt.nz

6 Te Anau

Touristische Lebensader des Orts am gleichnamigen See ist die Milford Road (SH 94), über die der Ausflugsverkehr zum Milford Sound rollt.

SEHENSWERT
Zum anderen Seeufer locken die **Glowworm Caves** in eine faszinierende, von Mückenlarven illuminierte Unterwelt (Real Journeys Visitor Centre, Lakefront Drive, Führung inkl. Boot-Transfer, mehrmals tgl., Dauer: über 2 Std., www.realnz.com).

UMGEBUNG/UNTERKUNFT
Zum **Milford Sound** führen die 120 km lange Milford Road mit vielen Naturerlebnissen am Weg (www.doc.govt.nz; www.realnz.com/media/698110/rj31279-road-to-milford-map.pdf)

sowie der 54 km lange **Milford Track** (www.greatwalks.co.nz). Das mehrtägige Naturerlebnis kann man auch mit komfortablen Schlafstätten, Verpflegung und Gepäcktransport buchen (www.ultimatehikes.co.nz). Bei der Ankunft am Fjord warten unterhalb des imposant aufragenden Mitre Peak bereits die Ausflugsboote, die vor allem zwischen 11.00 und 14.30 Uhr mit Gruppen-Touren gut gefüllt sind. Individuellere Touren unternehmen z. B. Encounter Nature Cruise, mehrmals tgl., Dauer: 2,5 Std., www.southerndiscoveries.co.nz.
Am Milford Sound gibt es nur eine Übernachtungsmöglichkeit inkl. Campingplatz: die **€€ Milford Sound Lodge** nahe der Schiffsanlegestelle (Tel. 03 2 49 80 71, www.milfordlodge.com), übernachten kann man auch auf einem Schiff (www.realjourneys.co.nz). Wem am Milford Sound zu viel Betrieb herrscht, der findet sein Glück bestimmt im **Doubtful Sound TOPZIEL.** Das Boot ab Manapouri fährt tief hinein in die Wildnis des Fiordland National Park. Nach der Besichtigung der Manapouri Underground Power Station fährt der Bus über den Wilmot Pass, wo der Doubtful Sound unterhalb durch das grüne Dach des Regenwalddickichts glitzert. Kein Hotel, keine Imbissbude, nur ein Katamaran, der das Ufer hinter sich lässt. Delfine begleiten das Boot, Robben tauchen auf (REALnz Visitor Centre, Pearl Harbour, Manapouri, www.realnz.com).

INFORMATION
i-Site, 19 Town Centre, Te Anau, Tel. 03 2 49 89 00, www.fiordland.org.nz, www.fiordlandnz.com; Depart. of Conservation/DOC, Lakefront Dr., Tel. 03 2 49 79 24, www.doc.govt.nz

7 – 8 Invercargill und Stewart Island

7 **Invercargill**, südlichste Stadt Neuseelands, ist meist nur das Sprungbrett nach Stewart Island. **Transport World** (491 Tay St., tgl. 10–17 Uhr, www.transportworld.co.nz) ist als Museum rund um die Automobilität sehenswert. Erlebenswert: **Dig This** (84 Otepuni Ave., www.digthisinvercargill.nz) als Bagger-Spaß.

UMGEBUNG
Auf der vorgelagerten, rund 1700 km² großen 8 **Stewart Island** (www.stewartisland.co.nz) leben nur um die 400 Menschen, fast alle in **Oban,** der einzigen Ansiedlung. Hin gelangt man mit dem Flugzeug (ca. 20 Min., www.stewartislandflights.com) oder mit der Personenfähre (ca. 1 Std., www.stewartislandexperience.co.nz) ab Invercargill (mit Bus-Transfer) bzw. Bluff (Fähranleger). Die meisten kommen zum Wandern: Tagelang kann man auf einsamen Pfaden im **Rakiura National Park** (www.doc.govt.nz) unterwegs sein.

INFORMATION
DOC Rakiura National Park Visitor Centre, 15 Main Rd., Oban, www.stewartisland.co.nz; i-Site Invercargill, www.southlandnz.com

DIE FANTASTISCHEN VIER

„Awesome Foursome" bedeutet den Mega-Nervenkitzel im Viererpack: Adrenalinausstoß am laufenden Band – bis einem die Haare zu Berge stehen. Das Maximum an „Thrill", das Queenstown an einem Tag zu bieten hat. Man muss sich nur trauen und darf nicht knapp bei Kasse sein.

Gleich in der Frühe geht es los am Buchungszentrum mitten in Queenstown. Wehe, den Magen füllt ein „Big Breakfast". Das rächt sich gleich bei der ruppigen Anfahrt im Geländewagen durch grasbedecktes Hochland. Im entlegenen Nevis Valley dann der Bungy Jump aus 134 m Höhe – mehr geht in ganz Neuseeland nicht. Allein die Seilfahrt zur Plattform ist schon ein Abenteuer, der Sprung kopfüber in die Tiefe atemberaubend: 8,5 Sekunden im freien Fall, der Nevis River unten scheint förmlich auf einen zuzurasen – „ground rush" nennt man das, auch Fallschirmspringer kennen den besonderen Kick.

Auf zum nächsten Abenteuer, und bitte anschnallen im Jet Boat, das pfeilschnell durch die Wildwasser des Shotover River schießt, haarscharf an scharfkantigen Felsvorsprüngen

Get the kick: mit dem Jet Boat im Wildwasser ... und beim Bungy-Jumping

vorbei. Noch zittern die Knie, aber schon startet der Helikopter zum rasanten Achterbahnflug durch Skippers Canyon. Diese ausgemergelte Goldgräberschlucht ist die aufregende Szenerie der abschließenden White Water Rafting Tour: in Schlauchbooten durch schäumende Stromschnellen, über spritzige Kaskaden und durch den düsteren Oxenbridge Tunnel. Wer danach wirklich am Ende ist, darf sich auf Sauna und heiße Dusche in der Rafters Lodge freuen.

Awesome Foursome Nevis

The Station Information Centre, Ecke Shotover/Camp St., Queenstown, 7.30–17.00 Uhr, ca. 898 NZ$

www.everythingqueenstown.com/awesome-foursome-bungy-jet-heli-raft-55

Christchurch & Südosten

STADT, LAND UND (VIEL) NATUR

Engländer, Schotten, Franzosen: Vieles im Südosten der Südinsel erinnert an die ersten Siedler aus Europa. In den Tiefseehäfen hier gingen sie an Land und errichteten stattliche Städte, die mit kolonialer Eleganz wetteifern. – Die Südinselmetropole Christchurch hat sich nach einem schweren Erdbeben längst neu erfunden ...

Ein natürliches Wahrzeichen des Südostens der neuseeländischen Südinsel sind die Purakaunui Falls in den Catlins.

EXPRESSION
CITY TOUR
Tramway Restaurant
CHRISTCHURCH
244

Oben: „The Chalice" (der Kelch) am Cathedral Square ist das Wahrzeichen der Stadt Christchurch. Entworfen wurde die Skulptur von dem neuseeländischen Künstler Neil Dawson.
Mitte und unten: Von der Art Gallery in Christchurch ist es nicht allzu weit bis zum Eiscafé Rollickin in der New Regent Street.

Linke Seite: Nach den verheerenden Erdbeben war die New Regent Street in Christchurch die erste, die wieder für Touristen herausgeputzt wurde.

Kleinere Erschütterungen der Erde sind in Neuseeland nichts Besonderes. Aber das, was am 22. Februar 2011, einem Dienstag, in Christchurch geschah, war etwas ganz anderes: Um 12.51 Uhr trafen heftige Erdstöße die Stadt bis ins Mark – ein Beben der Stärke 6,3, das Epizentrum nur zehn Kilometer südöstlich der Stadt, das Hypozentrum nur fünf Kilometer tief unter der Oberfläche, ließ Gebäude einstürzen, Felsenkliffs abbrechen und den Untergrund an vielen Stellen aufbrechen, als habe es die Erde in Stücke gerissen. Mittendrin: die Ruine der Christchurch Cathedral, bis dato eine der bedeutendsten Sehenswürdigkeiten der Stadt. 185 Menschen kamen ums Leben, ein Großteil der Bevölkerung wurde mit einem Schlag obdachlos.

NEUSTART MIT VISIONEN

Vor diesem verheerenden Erdbeben galt Christchurch als englischste Stadt Neuseelands, wegen der neugotischen Architektur, den viktorianischen Villen und den vielen Parkanlagen. Grün ist die Stadt immer noch, aber mit dem Wiederaufbau ändert sich das Stadtbild im Zentrum völlig. Wenn Architekten, Stadtplaner und Politiker in den kommenden Jahren alles richtig machen, hat Christchurch die einmalige Chance, als eine nach modernsten Gesichtspunkten funktionierende Großstadt wiederaufzuerstehen. Die Anfänge sind gemacht: große Parkhäuser, der zentrale Busbahnhof, bezahlbarer Wohnraum am Rand des CBD, schicke Einkaufspassagen, glänzende Glasfassaden und der gastronomische Treff am Avon River (Oxford Terrace) mit dem lebhaften Riverside Market und Sitzgelegenheiten bis ans Wasser. Historische Bausubstanz wird, soweit möglich und finanzierbar, erhalten. Schon um als touristische Destination interessant zu

HISTORISCHE BAUSUBSTANZ WIRD, SOWEIT FINANZIERBAR, ERHALTEN.

Rechts: Am kleinen Fischerhafen von Moeraki, unweit des Strandes, an dem die Moeraki Boulders liegen, die versteinerten Vorratskörbe aus dem Ahnenkanu der Maori.

Die berühmteste Schriftstellerin des Landes ist Keri Hulme: Für ihren Roman „The Bone People" (deutsch: „Unter dem Tagmond") erhielt die in Christchurch als ältestes von sechs Kindern geborene Autorin, deren Vorfahren mütterlicherseits Maori und väterlicherseits schottisch-englische Einwanderer sind, den renommierten Booker Prize.

Teatime, please! – viktorianischer Charme im Stadtzentrum von Oamaru

Im geschützten Hafen von Akaroa auf der Banks Peninsula landeten am 16. August 1840 französische Siedler, um hier eine Kolonie für die Grande Nation zu gründen.

bleiben. So können sich Besucher wieder an dem neugotischen Ensemble des Arts Centre freuen und wohlwollend die über 100 Jahre alte Fassade des völlig entkernten McKenzie and Willis Building an der Ecke Tuam/High Street betrachten.

Besonders groß war die Zerstörung in den östlichen Vierteln, vor allem in Lyttelton, dem Tiefseehafen von Christchurch. Trotzig hocken die kleinen Holzhäuser an den Felshängen. Unten auf der London Street geht der Wiederaufbau schleppend voran, aber beim Wochenmarkt am Samstag kommt wieder richtig Leben in die Hauptstraße. Jenseits der Port Hills verbreitet das kleine Seebad Sumner unbeschwerte Freizeitstimmung: Der Badestrand ist geschützt, die Promenade lang und die Wellen rollen gut genug, um die Surfer bei Laune zu halten.

Einige Jahre nach dem Erdbeben war Christchurch wieder weltweit in den Schlagzeilen: Am 15. März 2019 erschoss ein rechtsradikaler Terrorist aus Australien in zwei Moscheen 50 Muslime.

FRANZÖSISCH-CHARMANT

Die älteste Siedlung Canterburys ist Akaroa auf der Banks Peninsula – gegründet von Franzosen in dem Glauben, Neuseeland als neue Kolonie in Besitz nehmen zu können. Was sie nicht wussten: Kurz zuvor war der Vertrag von Waitangi zwischen Briten und Maori unterzeichnet worden und damit das Neuland für Frankreich perdu. Der Initiator, Jean-François Langlois, ein Walfänger und Abenteurer, kehrte nach wenigen Jahren enttäuscht in seine Heimat zurück. Doch seine Landsleute und deren Nachfahren hinterließen eindeutige Spuren: französisch klingende Straßennamen und ein dörflicher Charme, wie man ihn selten in Neuseeland verspürt.

SCHOTTISCH-KARIERT

Akaroas Attraktivität ruft regelmäßig Kreuzfahrtschiffe auf den Plan, die in der natürlichen Hafenbucht vor Anker gehen. Auch der Hafen von Port Chalmers weiter südlich bekommt häufig Besuch von Cruise Ships. Hauptgrund dafür ist Dunedin, die schottischste Stadt Neuseelands, nur 15 Kilometer entfernt. Der Name selbst leitet sich von der gälischen Bezeichnung Edinburghs ab – nach dem Vorbild der schottischen Hauptstadt wurde Mitte des 19. Jahrhunderts die Neugründung schachbrettartig angelegt, ungeachtet der völlig unterschiedlichen Oberflächengestalt. Das führte zu absurden Straßenführungen mit teilweise beachtlichem Gefälle: Bis zu 35 Prozent steigt die 350 Meter lange Baldwin Street an, laut Guinnessbuch die steilste Straße der Welt. Im Zentrum beindrucken steinerne Prachtbauten im Edwardian- und viktorianischen Stil sowie altehrwürdig anmutende neugotische Architektur, erhaltenswertes Erbe aus der Zeit der reichen Goldfunde im Hinterland.

NEUER AUFSCHWUNG

Nach vielen Jahren wirtschaftlicher Flaute kann Dunedin wieder hoffnungsvoll in die Zukunft blicken – neuere Wachstums-

Blick vom Florence Hill Lookout auf den Strand an der Tautuku Bay mit der gleichnamigen Halbinsel – Station auf der Southern Scenic Route durch die naturbelassene Küstenlandschaft der Catlins südlich von Dunedin

raten stimmen optimistisch. Die Stadt setzt heute auf moderne Technologien und elektronische Innovationen. Eine wichtige Rolle kommt dabei der University of Otago und der Otago Polytechnic zu. Hunderte Millionen Neuseeland-Dollar sollen in den nächsten Jahren in den Ausbau der renommierten Hochschulen fließen. Im Gegenzug nimmt die Stadt jährlich viel Geld durch die insgesamt 21 000 Studenten ein.

HAFEN-NOSTALGIE

In der Kolonialzeit hatte eine Stadt ohne richtigen Hafen keine Chance, Bedeutung zu erlangen. Fehlte die natürliche Hafenbucht, wurde ausgebaggert, wieder und wieder: So geschehen auch in Oamaru, bis die Hafenanlagen in den 1960er-Jahren an ihre Grenzen gerieten, als eine neue Generation von riesigen Öltankern andocken wollte. Gleichzeitig verlagerte sich der Güterverkehr mehr und mehr auf die Straße, nachdem Lastwagen mit der Fähre zwischen Wellington und Picton übersetzen konnten. Im Jahr 1974 kam dann das endgültige Aus für den Hafenbetrieb in Oamaru. Aber Fischerboote liegen hier nach wie vor. Und die alten Lagerhallen werden als Baudenkmal erhalten – bzw. als Mahnmal, das daran erinnert, wie abhängig Neuseeland einst von der Seefahrt war.

Special

Bildungspolitik

Teurer Schulbesuch

Staatliche Schulbildung ist in Neuseeland kostenlos. Doch was an Sonderausgaben aufzubringen ist, können sich immer weniger Eltern leisten. Renommierte Privatschulen sind ohnehin nur für die Wohlhabenden bezahlbar.

Jedes neue Schuljahr kostet pro Kind Hunderte von Dollar für Lernmittel, Computer, Sportausrüstungen, Schuluniform und Ausflüge, Bustransfer sowie nicht zuletzt für regelmäßige Geldspenden (School Donations) an die Schule, die das öffentliche Bildungssystem traditionell mitfinanzieren. Bis zur 13. Jahrgangsstufe einer Schullaufbahn kann sich das leicht auf 40 000 Neuseeland-Dollar summieren – pro Kind, wohlgemerkt. Oft arbeiten beide Elternteile ganztags, nehmen Nebenjobs an oder verschulden sich, um dem Nachwuchs die Schulausbildung finanzieren zu können.

An der University of Otago in Dunedin

Das Schulgeld für eine der zahlreichen Privatschulen summiert sich im gleichen Zeitraum auf gut 300 000 NZ$ pro Kind – fast 50 Prozent mehr als noch vor zehn Jahren. Und je besser der Ruf, desto teurer …

Auf den Besuch einer renommierten staatlichen Schule hat nur Anspruch, wer in der entsprechenden School Zone wohnt. Weshalb viele Familien umziehen, sobald das Kind zur Schule muss. Meist ist das mit enormen Mehrkosten verbunden, weil im Umfeld beliebter Schulen die Immobilienpreise grundsätzlich höher sind.

Links: Larnach Castle auf der Otago Peninsula bei Dunedin

City Sanctuary Bed and Breakfast (oben) und das Olveston Historic Home (unten) in Dunedin

Nugget Point in der Provinz Otago: „The Catlins" nennt man die malerische Küstenlandschaft im Südosten der Südinsel, zu der auch deren südlichster Punkt, Slope Point, gehört.

Ring of Fire

VOM LEBEN AUF BRÜCHIGER ERDE

Bis in die Gegenwart halten Beben und Vulkanausbrüche Neuseeland in Atem. Kein Wunder – die Inselgruppe ist Teil des Pazifischen Feuerrings; eines vulkanischen Gürtels, der den Pazifik u-förmig umschließt und bis in den Südzipfel Südamerikas reicht. Mehrere Kontinentalplatten treffen hier aufeinander.

Die von dem japanischen Architekten Shigeru Ban entworfene Cardboard Cathedral ersetzt als etwa auf 50 Jahre angelegtes Provisorium die durch das Erdbeben 2011 zerstörte Christchurch Cathedral.

Wenn die Fernsehnachrichten Bilder von umgestürzten Flaschenregalen im Supermarkt zeigen, hat es mal wieder gebebt, wie so oft in den letzten Jahren. Nicht wirklich schlimm, vielleicht knapp über 4 auf der nach oben offenen Richterskala – dafür lag das Epizentrum nur ein paar Kilometer entfernt vor der Pazifikküste und nur wenige Kilometer tief. Die meisten Bewohner von Christchurch bringt nichts mehr so leicht aus der Ruhe, seit auf das verheerende Erdbeben im Jahr 2011 monatelange Nachbeben folgten und Erdstöße selbst anderswo auf der Südinsel spürbar waren – ob am Arthur's Pass oder in Kaikoura.

Aufräumarbeiten nach dem großen Erdbeben im Februar 2011: Weite Teile des Stadtzentrums von Christchurch mussten abgerissen werden.

TICKENDE ZEITBOMBE

Große Sorgen bereitet jedoch die sich westlich der Southern Alps vom Fiordland bis zu den Marlborough Sounds erstreckende Alpine Fault. Wissenschaftler der University of Canterbury prognostizieren hier für die nächsten 50 Jahre mit einer 75-prozentigen Wahrscheinlichkeit brachiale Erdbeben, sogenannte Megaquakes, die sogar den monumentalen Milford Sound zerstören könnten. Solch eine Naturkatastrophe wäre für die gesamte Südinsel verheerend, für die Hauptstadt Wellington ebenso.

WACKELIGER REGIERUNGSSITZ

Kleine bis mittlere Beben gehören für die Wellingtonians zum Alltag, seit jeher. Einem Erdbeben im Jahr 1855 verdanken sie sogar den ebenen CBD-Bereich: Flaches Land wurde über den Meeresspiegel gehoben: Wo heute der zentrale „Lambton Quay"-Boulevard verläuft, war vorher Küste. Wer eine Führung durch das Parliament Building mitmacht, gelangt auch ins Basement und staunt nicht schlecht, wie das massive Bauwerk von 1912 im Nachhinein erdbebensicher gemacht wurde, indem es quasi auf Gummipuffern ruht. Doch der örtliche Katastrophenschutz fürchtet ein Erdbeben der Stärke 7,5 oder mehr. Dann würden Straßen und Wasserwege so stark zerstört, dass die Großstadt praktisch in zwei Teile zerbrechen könnte: Zwischen Vororten im Norden bzw. Westen und dem Zentrum mit den östlichen und südlichen Vororten gäbe es über Wochen hinweg keine Verbindung mehr.

Kaikoura, die kleine Küstenstadt auf der Südinsel, kennt das. Nach dem schweren Beben im November 2016 blieb sie ein Jahr lang nur von Süden aus erreichbar. NASA-Luftbilder zeigen, wie dramatisch die Küstenlinie angehoben wurde, bis zu fünfeinhalb Meter in einem Bereich.

ERUPTIONSGEFAHR

Alle aktiven bzw. schlafenden Vulkane Neuseelands befinden sich auf der Nordinsel. Der temperamentvollste unter ihnen ist nach wie vor der Ruapehu im Tongariro National Park, dessen Ausbrüche zur Wintersportsaison die Pisten in „fire and ice" verwandeln. Doch der jüngste Vulkan ist auch recht rege: Wenn man Forschern glauben darf, wächst unterhalb des Dorfes Matata in der Bay of Plenty ein neuer Feuerspucker heran. Landvermessungen und Satellitendaten zeigen, dass sich der Boden hier seit den 1950er-Jahren deutlich gehoben hat. Wahrscheinlich drängt Magma nach oben, denn jährlich strömten neun Milliarden Liter in den Untergrund. Akute Gefahr besteht allerdings nicht. Es kann Jahrhunderte dauern, bis es zu einer Eruption kommt. Und vielleicht schläft der kleine Vulkan ja auch wieder ein.

Weitere Infos im Internet

www.eqc.govt.nz – Seite der neuseeländischen Erdbeben-Kommission mit viel Hintergrundinfos.
www.geonet.org.nz – Wo hat es wann und wie gebebt? Die Seite gibt Auskunft – auch mittels einer App.
http://quakelive.co.nz – Die Richter-Skala visualisiert – bis ins Kleinste wird hier das Beben analysiert.
https://earthquaketrack.com – Nicht nur in Neuseeland bebt die Erde, diese Seite zeigt alle Aktivitäten weltweit.
www.volcanodiscovery.com – Alles rund um Vulkane und Erdbeben weltweit, mit faszinierenden Bilddokumenten.

Tasman Sea
SOUTH ISLAND
Southern Alps
Pancake Rocks and Blowholes
Kaikoura Peninsula
CHRISTCHURCH
Banks Peninsula
Pegasus Bay
Canterbury Plain
Canterbury Bight
Arthur's Pass National Park
Westland
Franz Josef Glacier
Fox Glacier
Mount Cook
Nat. Park
Mt. Aspiring National Park
Historic Gold Mining Town
Shantytown
Historic Goldfields
Observatory
Moeraki Boulders
Orokonui Ecosanctuary
Larnach Castle
Otago Pen.
DUNEDIN
Queenstown
Lake Wakatipu
Lake Wanaka
Lake Hawea
Lake Tekapo
Lake Pukaki
Kaikoura
Greymouth
Hokitika
Timaru
Oamaru
Maßstab 1:2.200.000
0
40 km
Christchurch
Maßstab 1:25.000
400m
North Hagley Park
South Hagley Park
Botanic Gardens
Victoria Lake
Albert Lake
Christchurch Hospital
Cathedral Square
Bealey Avenue
Fitzgerald Avenue
Moorhouse Avenue
Deans Avenue
Riccarton Avenue
Harper Avenue
Park Terrace
Rolleston Avenue
Hereford Street
Gloucester Street
Lichfield Street
Colombo Street
Manchester Street
St. Asaph Street
Oxford Terrace
Cambridge Terrace
Durham Street
Montreal Street
Madras Street
Barbadoes Street
Kilmore Street
Salisbury Street
Stop ?
Abflug

WALE, WELLEN, WILDNIS

Urbane Zentren mit viel Tradition laden zu beeindruckenden Museumsbesuchen und historischen Stadtrundgängen ein. Doch keine Bange: Auch die Natur kommt hier im Südosten der Südinsel nicht zu kurz.

❶ – ❾ Christchurch

Im Dezember 1850 gingen die ersten vier Schiffe aus England in der natürlichen Hafenbucht vor Anker. An Bord etwa 800 Menschen, darunter John Robert Godley, der Begründer von Christchurch und Canterbury. Dessen Statue auf dem Cathedral Square fiel bei dem schweren Erdbeben im Februar 2011 von ihrem Sockel. Vier Jahre lang dauerte es, bis sie wieder aufgerichtet werden konnte – auch als sichtbares Zeichen dafür, dass diese Stadt sich nicht unterkriegen lassen will. Heute ist Christchurch längst wieder einen Besuch wert – nicht allein, um das Ausmaß der Erdbebenkatastrophe zu begreifen, sondern auch, um sich am fortschreitenden Wiederaufbau mit der florierenden Gastroszene zu erfreuen und instand gesetzte Sehenswürdigkeiten zu besichtigen.

SEHENSWERT

Der ❶ **Cathedral Square** ist nach wie vor das Herz der Stadt, wo die beim Erdbeben zerstörte Christchurch Cathedral wieder zu einstiger Größe aufgebaut wird. Ein ebenso teurer wie langwieriger Prozess: Mit der Fertigstellung des dann erdbebenfesten Bauwerks wird bis 2027 gerechnet.
Längst instand gesetzt ist die ❷ **New Regent Street:** Die von pastellfarbenen Fassaden flankierte Einkaufsstraße kann sich sehen lassen.

Tipp

Bergtour im Zug

Der zwischen Christchurch und Greymouth verkehrende **TranzAlpine** lässt frühmorgens die platten Canterbury Plains hinter sich, um in alpine Höhen zu klettern, den schroffen Arthur's Pass zu überqueren und in die Regenwälder der West Coast einzutauchen. Die Eisenbahnfahrt hin und zurück ist ein schöner Tagesausflug. Große Panoramafenster bieten freie Sicht auf Landschaften voller Kontraste.

tgl. 8.15 Uhr ab Christchurch Railway Station, Troup Drive, Addington, Rückkehr in Christchurch 18.31 Uhr, www.kiwirailscenic.co.nz

Oben: Mit der Tram durch Christchurch.
Rechts oben: Brunnen im Botanischen Garten.
Darunter: Quake City – alles über das Erdbeben.

Die ❸ **Cardboard Cathedral** verblüfft als stabile Karton-Konstruktion (234 Hereford St./Latimer Sq., tgl. ab 9.00 Uhr, www.cardboardcathedral.org.nz). Nach dem Besuch der Ausstellung ❹ **Quake City** weiß man so ziemlich alles über die Erdbeben in der Region; auch über die Fortschritte beim Wiederaufbau (299 Durham St. North, tgl. 10.00–17.00 Uhr, www.canterburymuseum.com/whats-on/quake-city). Aller Aufwand hat sich gelohnt: Im neugotischen Ensemble des über 140 Jahre alten ❺ **Arts Centre** ist wieder Leben eingekehrt. Die dicken Mauern stehen fester denn je, als sie noch die erste Universität der Stadt beherbergten. Inzwischen sind Ateliers, Kunsthandwerkläden und Cafés eingezogen, so wie vor dem Erdbeben (Worcester Boulevard, www.artscentre.org.nz).

MUSEEN

In einem modernen Glaspalast überrascht die ❻ **Art Gallery Te Puna o Waiwhetu** mit einer anspruchsvollen Sammlung zeitgenössischer Kunst (Ecke Worcester Boulevard/Montreal St, tgl. 10.00–17.00, Mi. bis 21.00 Uhr, www.christchurchartgallery.org.nz). Das im Jahr 1870 vom deutschstämmigen Geologen Julius von Haast gegründete ❼ **Canterbury Museum** zieht mit hochinteressanten Ausstellungen zur Naturkunde, Maori- und regionalen Kolonialgeschichte in seinen Bann (Rolleston Ave., 9.00 bis 17.00 Uhr, www.canterburymuseum.com).

ERLEBEN

Ein erholsamer Spaziergang durch die weitläufigen ❽ **Botanic Gardens,** unter mächtigen Bäumen und am Avon River entlang, zeigt die grüne Seite von Christchurch (Eingang: Rolleston Ave., neben dem Canterbury Museum, tgl. 7.00–18.30 Uhr, Visitor Centre und einladendes Café 8.30–17.00 Uhr, www.ccc.govt.nz/parks-and-gardens/christchurch-botanic-gardens). Wer sich für den Wasserweg entscheidet, mietet an den ❾ **Antigua Boat Sheds** ein Paddelboot oder lässt sich von einem Gondoliere über den seichten Avon schippern (2 Cambridge Terrace, tgl 9.00–18.00 Uhr, www.welcomeaboard.co.nz). Die **Tram City Tour** dreht auf knapp 4 km ihre sehr gemächlichen Runden in hübsch restaurierten Straßenbahnen durch die Innenstadt, das Tagesticket berechtigt zum Ein- und Aussteigen an 17 Haltestellen. Gegenüber vom Airport sorgt das **International Antarctic Centre** für spannende Einblicke in die Erforschung des Südpols und das dortige Engagement Neuseelands (38 Orchard Rd., tgl. 9.00–17.30 Uhr, www.iceberg.co.nz).

RESTAURANTS

In €/€€ **The Beach** (25 Esplanade, Sumner, Tel. 03 3 26 72 26, https://beachsumner.co.nz) isst man bei schönem Wetter draußen auf der Ter-

rasse, mit Blick auf die Pazifikwellen. Das vielleicht beste Eis gibt es mitten in Sumner bei **Utopia Ice** (www.utopiaice.co.nz).
Frühstücken im **€ Black Betty Café** (165 Madras St., Mo.–Fr. bis 16.00, Sa./So. bis 14.30 Uhr, Tel. 03 3 65 85 22, www.blackbetty.co.nz): Der aromatische Kaffee macht wach, die deftigen Eierspeisen mit Speck oder Lachs machen satt. Mitten in der City macht der überdachte **€ Riverside Market** (Ecke Lichfield St./Oxford Tce., tgl. ab 10.00, Sa. ab 9.00 Uhr, www.riverside.nz) so richtig Appetit: mit kleinen Restaurants und Snackbars, die allerhand Leckereien aus der Multikultiküche servieren. Das bunte Markttreiben dazwischen lädt zum Bummeln ein, auch bei Regen.

UNTERKUNFT
Am Sumner Beach bietet das **€€ Cave Rock Guest House** (16 Esplanade, Sumner, Tel. 027 4 36 02 12, www.caverockguesthouse.co.nz) B & B in einer alten Villa. Wenige Kilometer außerhalb schlafen die Gäste in den geschmackvoll eingerichteten Räumen einer ehemaligen Kutschenstation (**€€/€€€ Tai Tapu Lodge**, 766 Christchurch Akaroa Road, Halswell, Tai Tapu, www.taitapulodge.com). Im ländlichen Umland von Christchurch sind die Silos aus Wellblech am Straßenrand erst auf den zweiten Blick als Unterkunft zu erkennen: **€/€€ Silo Stay** (Akaroa SH 75, Little River, Banks Peninsula, Tel. 03 3 25 19 77, www.silostay.kiwi.nz) haben sich Künstler ausgedacht, eine so originelle wie umweltfreundliche Anlage.

Tipp

Kaffee-Kunst

Der Gastraum ist rustikal möbliert, wirkt etwas unaufgeräumt, aber der Duft nach frisch geröstetem Kaffee ist zu verheißungsvoll, um draußen zu bleiben: In der **€ Lyttelton Coffee Company** bestellt man an der Theke, wählt vielleicht noch einen der appetitlichen kleinen Happen aus der Vitrine oder ein Frühstücksgericht vom Blackboard und nimmt Platz. Bei schönem Wetter draußen auf der Terrasse mit Blick zum Hafen oder entlang der Hauptstraße, wo es stets etwas zu sehen gibt.

29 London St., Lyttelton, Mo.–Fr. 7.00–16.00, Sa. 8.00–16.00 Uhr, www.coffeesecrets.co.nz

Oben: Originelle Unterkunft – Silo Stay. Rechts oben: Restaurant Fleurs Place in Moeraki. Darunter: Schwimmen mit Delfinen vor Akaroa.

UMGEBUNG
Der **Farmers Market** (London St., Sa. 10.00 bis 13.00 Uhr, www.lyttelton.net.nz) ist ein lohnender Anlass für einen Abstecher nach Lyttelton, zum Hafen von Christchurch. Dass die Leute hier anders ticken, zeigt spätestens das Nightlife in der etwas schrägen Wunderbar (19 London St., Mo.–Fr. ab 17.00, Sa./So. ab 13.00 Uhr, www.wunderbar.co.nz) mit Blick auf die dann erleuchteten Hafenanlagen. Über 80 km in südöstl. Richtung auf kurvenreicher Straße sind es bis **Akaroa** auf der **Banks Peninsula.** Ein erfüllter Tagesausflug, wenn man über die lebhafte Promenade am Wasser flaniert oder mit Delfinen draußen in der natürlichen Hafenbucht schwimmt (Swimming with Dolphins, mehrmals tgl., Dauer: 3 Std., 61 Beach Rd., www.swimmingwithdolphins.co.nz).

INFORMATION
i-Site, 28 Worcester Boulevard/Arts Centre, Christchurch, Tel. 0800 42 37 83, www.christchurchnz.com

10 Kaikoura

Der Tourismus des Küstenorts lebt von den Walen, die vor der Küste auftauchen. Aber auch von Langusten, die hier gefangen werden. Bei einem schweren Erdbeben im November 2016 wurde u. a. der SH 1 verschüttet. Es folgten jahrelange Instandsetzungsarbeiten, in deren Verlauf die Straße verbreitert und begradigt wurde.

ERLEBEN
Beim **Whale Watch** **TOPZIEL** nähern sich wendige Boote den faszinierenden Meeressäugetieren, deren massige Körper sich scheinbar schwerelos aus den Fluten heben (siehe „Unsere Favoriten", S. 97).

INFORMATION
i-Site, West End, Kaikoura, tgl. 9.00–17.00 Uhr, Tel. 03 3 19 56 41, www.kaikoura.co.nz

11 Oamaru

Mindestens einen Tag sollte man sich für die alte Hafenstadt Zeit nehmen – schon wegen der prachtvollen Baudenkmäler aus Oamaru Stone, einem cremefarbenen Kalkstein.

SEHENSWERT
Victorian Precinct (Harbour St., www.victorianoamaru.co.nz) heißt der Gebäudekomplex der historischen Hafenanlagen, einst ein geschäftiger Umschlagplatz, heute eine Art viktorianisches Freilichtmuseum mit originellen Läden und Lokalen, Galerien und Ateliers.

ERLEBEN
In der **Blue Penguin Colony** leben und brüten die kleinsten Pinguine der Welt. Ein großes Spektakel aber ist es, wenn sie abends vor Publikum auf der Tribüne aus dem Wasser und über die Felsrampe zurück in ihre Kolonie watscheln (keine Fotos erlaubt). Tagsüber lassen getarnte Gräben die Besucher dicht an die Nester heran, zwischen Oktober und Januar mit Jungtieren (2 Waterfront Rd., verschiedene Führungen, www.penguins.co.nz).

UMGEBUNG
40 km südlich liegen am Pazifikstrand Steinkugeln wie riesengroße Murmeln: Die **Moeraki Boulders** (s. S. 16/17) sind ein Wunder der Natur, vor ca. 60 Millionen Jahren auf dem Meeresboden aus Sedimenten geformt und später durch Küstenerosion freigelegt (Koekohe Beach, www.moerakiboulders.com). In der südlich gelegenen Ortschaft Moeraki ist das Restaurant **€€ Fleurs Place** (169 Haven St., Mi.–So. ab 10.30 Uhr, Reservierung fast immer notwendig, Tel. 03 4 39 44 80, www.fleursplace.com) eine Feinschmeckeradresse, bekannt für fangfrische Fischgerichte. Auch Mutton Bird (Sturmtaucher), eine Spezialität bei den Maori, steht hier auf der Karte.

INFORMATION
i-Site, 1 Thames St., Oamaru, tgl. 9.00–17.00 Uhr, Tel. 03 4 34 16 56, www.waitakinz.com

12 Dunedin

Die zweitgrößte Stadt auf der Südinsel präsentiert eine steinerne Kulisse aus imposanter kolonialer Architektur – von zahlreichen Studenten mit Leben erfüllt. Zentraler Ausgangspunkt für einen Stadtrundgang ist das **Octagon,** hier führt auch die **George Street** als Haupteinkaufsstraße lang. Naturerlebnisse beschert die **Otago Peninsula,** für die man sich mindestens einen Tag lang Zeit nehmen sollte.

SEHENSWERT/MUSEEN

Beachtlich, was um 1900 herum die wohlhabende Familie Theomin von ihren Weltreisen so alles mit nach Hause gebracht hat. Zu bewundern im **Olveston Historic Home**, einer eleganten Villa im Stil der Zeit (42 Royal Terrace, einstündige Führungen, tgl. 9.00–17.00 Uhr, www.olveston.co.nz). Bei der Eröffnung im Jahr 1906 galt die **Railway Station** als Vorzeigearchitektur des damals angesagten Edwardian-Barock-Stils: außen neugotisch streng, innen üppig verziert, der geflieste Boden ist ein Kunstwerk aus 750 000 Mosaiksteinen (22 Anzac Ave.). Das modern gestaltete **Toitu Otago Settlers Museum** bietet eine Zeitreise durch die Region: von früher Maori-Besiedlung über schottische Pionierleistungen und den kurzen Goldrausch bis zur Gegenwart (31 Queens Gardens, tgl. 10.00–17.00 Uhr, www.toituosm.com). Im **Otago Museum** begeistern Naturkundeausstellungen der Extraklasse (419 Great King St., tgl. 10.00–17.00 Uhr, www.otagomuseum.nz).

UNTERKUNFT

Das **€€€ Hotel St. Clair** (24 Esplanade, St. Clair Beach, Tel. 03 4 56 05 55, www.hotelstclair.com) gehört zu den besten Adressen der Stadt. Badestrand und Promenade liegen praktisch vor der Tür, die meisten Zimmer haben Meerblick.

UMGEBUNG

Kaum aus der Stadt, ist man auch schon auf der **Otago Peninsula** und bekommt dort am **Taiaroa Head** im Royal Albatross Centre die imposanten Meeresvögel in ihrer Festlandkolonie zu Gesicht – am besten im Januar und Februar, wenn die Jungen geschlüpft sind (1260 Harrington Point Rd., tgl. Führungen ab 11.00 Uhr bis zur Dämmerung, www.albatross.org.nz). Ganz nah haben sich Yellow Eyed Penguins (Gelbaugenpinguine) niedergelassen: Am **Penguin Place** (45 Pakihau Rd./Harrington Point, tgl. 10.15–18.15 Uhr, www.penguinplace.co.nz) werden Besucher in getarnten Gängen dicht an den Nestern vorbeigeführt. Möglichst eine Tour (Dauer: 90 Min.) am Spätnachmittag reservieren, wenn die Tiere aus dem Wasser kommen! Als einzige Burg Neuseelands thront **Larnach Castle** (145 Camp Rd., tgl. 9.00 bis 17.00 Uhr, www.larnachcastle.co.nz) neugotisch über der Halbinsel und bietet vom Turm herrliche Ausblicke auf die Küstenlinie.

INFORMATION

i-Site (und DOC), 50 The Octagon, Dunedin, tgl. 9.00–17.00 Uhr, Tel. 03 4 74 33 00, www.dunedinnz.com, www.doc.govt.nz

STRAMPELN MIT AUSSICHT

„Gondola Mountain Bike Ride“ heißt das Zauberwort, das mit der Seilbahn bequem auf die Port Hills bei Christchurch führt, oben ein fantastisches Panorama bietet und Mountainbikes bereithält für die Fahrt hinunter.

Die bis zu 500 m hohe Hügelkette gilt als beliebtes Terrain für Radfahrer. Ein Netz von schmalen Mountainbike-Pfaden überzieht die steilen Hänge, oben windet sich die geteerte Summit Road entlang: aufwärts ein Kraftakt selbst für Trainierte, abwärts ein Riesenspaß für alle. Beim Mountain Bike Experience übernimmt die Christchurch Gondola die Bergfahrt.

In den kleinen Kabinen der Seilbahn geht es hinauf zu atemberaubenden Ausblicken auf die pastellblaue Hafenbucht von Lyttelton zur einen und weit über die Canterbury Plains zur anderen Seite – sofern das Wetter es zulässt.

Christchurch: Blick von Summit Rd auf Redcliffs und Strand von South New Brighton

Bei der Fahrt hinunter wird dann gebremst in die Pedale getreten: auf der Straße oder einem Mountainbike Trail, je nach Erfahrung und Fitness. Nach ein bis zwei Stunden und ca. 16 km bergab ist wieder die Talstation der Seilbahn erreicht.

The Mountain Bike Adventure Company

Kontakt: Tel. 0800 34 38 48, www.cyclehire-tours.co.nz

Kosten: ca. 70 NZ$

HILFREICH & NÜTZLICH

Keine Reise ohne Planung. Auf den folgenden Seiten haben wir für Sie Wissenswertes und wichtige Informationen für Ihren Urlaub in Neuseeland zusammengestellt.

Anreise

Nach Neuseeland zu reisen, ist eine Weltreise: 22 reine Flugstunden. Im Durchschnitt ist man mit Zwischenlandung(en) aber eher 28 Stunden unterwegs. Eine Übernachtung am Boden kann deshalb erholsam sein. Diese Optionen gibt es:
Über Asien: Zu den Drehkreuzen Singapur und Hongkong beträgt die Flugzeit ab Deutschland ca. 12 Std., in beiden Städten gibt es ausgezeichnete Stopover-Angebote (z. B. www.cathaypacific.com/de). Singapurs Changi Airport (www.changiairport.com) gilt als weltweit bester Flughafen. Ideal bei mehrstündigem Transit ist das Airport-Hotel/Terminal 1 mit Schwimmbad am Flugfeld (www.myaerotel.com). Lufthansa (www.lh.com) bietet Codeshare-Flüge mit Swiss und mit Air New Zealand (www.airnewzealand.eu) an. Kostengünstige Alternative: China Airlines (www.china-airlines.com) mit Stopp in Taipeh.
Über Nahost: Mehrmals tgl. Flüge nach Dubai (Emirates, www.emirates.com), Doha (www.qatarairways.com) oder Abu Dhabi (www.etihad.com). Die Flugdauer bis dorthin: ca. 6,5 Stunden, die Anschlussflüge nach Neuseeland führen teils über eine australische Stadt (Flugzeit: ca. 14 Std.) mit kurzem Stopp und dann weiter nach Auckland oder Christchurch (ca. 2,45 Std.). Emirates und Qatar Airways bieten evtl. in naher Zukunft wieder Nonstop-Flüge nach Auckland an (Flugzeit: ca. 16 Std. ab Dubai, ca. 17 Std. ab Doha). Das muss man in der Economy Class aber aushalten können.
Über Amerika, Südamerika und Kanada: Eine längere Flugzeit und scharfe Einreisekontrollen (USA-Visum) machen die Route nicht attraktiv. Aber wer Zeit hat, wird sich vielleicht für ein Round-the-World-Ticket entscheiden (www.staralliance.com) und über den Westen hin, auf der Ost-Route wieder zurückfliegen.

Auskunft

Tourism New Zealand: 1 Pall Mall East, London, Tel. 0044 20 79 30 16 62, www.newzealand.com.
Keine Vertretung in Deutschland, Österreich und der Schweiz. Die i-Site (Visitor Information) in vielen Orten des Landes verfügt über ausgezeichnete Infos und bucht auch Unterkünfte. Tipps für Apps: www.newzealand.com/int/feature/recommended-apps. Ergänzend über: www.tourism.net.nz, www.aa.co.nz/travel, www.thecuriouskiwi.co.nz
Botschaft von Neuseeland: Friedrichstr. 60, 10117 Berlin, Tel. 030 20 62 10, www.mfat.govt.nz
Deutsche Botschaft: 90–92 Hobson St., Wellington, Tel. 04 4 73 60 63, https://wellington.diplo.de
Österreichisches Honorarkonsulat: 85 Ghuznee Str., Wellington, Tel. 03 540 30 00, https://www.bmeia.gv.at/botschaften-konsulate
Schweizer Botschaft: 10 Customhouse Quay, Wellington, Tel. 04 4 72 15 93, www.eda.admin.ch/wellington

Autofahren

In der Regel gibt es nur zweispurige, mehr oder weniger gut ausgebaute Landstraßen, autobahnähnliche Abschnitte nur im Umfeld von Auckland, Hamilton, Wellington, Christchurch.
Mietwagen: Die Auswahl ist groß, für eine Golf-Klasse zahlt man ca. 70–110 NZ$/Tag. Hinzu kommt eine empfehlenswerte Vollkaskoversicherung (ca. 15–25 NZ$/Tag). Pkw müssen fast immer in Wellington bzw. Picton vor der Fährüberfahrt getauscht werden! Mindest-Mietalter: 21 Jahre. Es wird ein internationaler Führerschein benötigt und auf jeden Fall eine Kreditkarte. Falls bei der Versicherung ein Selbstbehalt gezahlt werden muss, achten Sie auf den Tageskreditrahmen der Karte.
Wohnmobile: Vergleichen kann man Angebote/Modelle auf www.rankers.co.nz. Ratsam ist die Buchung bei einem Veranstalter in Deutschland, das birgt weniger Risiken (z. B. https://camperboerse.de, www.explorer.de). Die größten Anbieter sind THL (Maui, Britz etc., www.maui-rentals.com), Apollo (www.apollocamper.co.nz), Jucy (www.jucy.co.nz, mittlerweile bei THL) und Wilderness, die ausschließlich moderne Carado- und Bürstner-Reisemobile in der Flotte haben (www.wilderness.co.nz). Oft günstiger sind Privatfahrzeuge, www.camplify.co.nz. Grundsätzlich sollte man von Fahrzeugen nicht zu viel Komfort erwarten.
Verkehrsregeln: Es herrscht Linksverkehr. Höchstgeschwindigkeit i. d. R. 100 km/h, oft mit Null-Toleranz bei Überschreitungen. Promillegrenze: 0,5 – auch hier sind die Kontrollen sehr streng. Telefonieren am Steuer ohne Freisprecheinrichtung ist verboten, es besteht Anschnallpflicht. Beim Abbiegen darf man auch die quer gestreifte Linie in der Fahrbahnmitte benutzen. Infos: www.nzta.govt.nz/roadcode und www.drivesafe.org.nz.

Camping

Preiswert (ca. 8–12 NZ$/Person) und naturnah sind die Campsites des Department of Conservation (DOC, www.doc.govt.nz, dann Suche: „camp site pass") – meist mit nur wenigen einfachen Toiletten/Kaltwasser. Mit ca. 40–55 NZ$ pro Stellplatz/2 Pers. ist es auf den etablierten, teils engen Campingplätzen teurer (www.nz-camping.com, www.camping-nz.rankers.co.nz). Am besten ausgestattet sind die Top-10-Plätze (ca. 45–55 NZ$ pro Stellplatz/2 Pers., www.top10.co.nz). Beste Orientierung: www.rankers.co.nz und die Apps von www.campermate.co.nz und www.wikicamps.co.nz (Karten auch offline). Fast alle Campingplätze verfügen über eine gut ausgestattete Küche, einige sogar mit Kochgeschirr. „Freedom Camping" (Übernachten außerhalb von Campingplätzen) wird immer mehr eingeschränkt und ist ungern gesehen – bes. wenn die Fahrzeuge nicht als „self contained" zertifiziert sind, also kein oder ein in der Praxis nicht nutzbares WC bzw. keinen Abwassertank an Bord haben (www.freedom-camping.org). Strengere Regeln ab Ende 2023.

Einreise

Ausgestattet mit einem Reisepass, benötigen Besucher aus Deutschland, Österreich und der Schweiz bei einem Aufenthalt bis zu drei Monaten kein Visum. Der Reisepass muss noch drei Monate über das Rückreisedatum hinaus gültig sein. (Achtung: Beim Stopover in Asien sind es sechs Monate.) Fast alle Touristen müssen sowohl ein ETA (Electronic Travel Authority) für 17–23 NZ$ als auch zeitgleich ein

Erosion und Bodenbildung vollziehen sich in den fast die gesamte Südinsel von Nord nach Süd durchziehenden Southern Alps aufgrund der hohen tektonischen Aktivität schneller als in den europäischen Alpen. Gegenüberliegende Seite: Der Pinot gris vom Weingut Brick Bay Wines/ Sculpture Trail ist berühmt.

IVL (International Visitor Conservation and Tourism Levy) für 35 NZ$ beantragen. Gültigkeitsdauer: jeweils 2 Jahre. Antrag über: www.immigration.govt.nz (Suche nach „NZeTA“). Beachten Sie die Visa-Bestimmungen bei Flügen über Australien und die USA. Für „Work and Travel“-Aufenthalte (Working Holiday Visum) gelten bes. Regeln (s. auch www.neuseeland.reisebine.de). Die elektronische „New Zealand Traveller Declaration“ ersetzt (ab 2023) das Einreiseformular aus Papier (www.traveller declaration.govt.nz).

Essen und Trinken

Preiskategorien

€€€	Hauptgericht über 35 NZ$
€€	Hauptgericht 23–35 NZ$
€	Hauptgericht unter 23 NZ$

Die Preise für Lebensmittel in Neuseeland sind, verglichen mit Mitteleuropa, recht hoch, entsprechend sind auch die Preise im Restaurant. Für ein gutes Hauptgericht zahlt man zwischen 30 und 45 NZ$. Deutlich günstiger gibt es zahlreiche Take-aways, vor allem aus asiatischen Küchen. Sushi und Sashimi werden fast in jedem größeren Ort angeboten. Kaffee- und Wein-Liebhaber kommen auf ihre Kosten. An Feiertagen wird in der Gastronomie i. d. R. ein Aufschlag von 15 % erhoben.

Feiertage

Waitangi Day (6. Februar), Good Friday (Karfreitag) und Ostermontag, ANZAC-Day (Australian-New Zealand Army Corps Day, Heldengedenktag, 25. April), King's Birthday (1. Montag im Juni), Matariki (Maori New Year, wechselnd im Juni/Juli), Labour Day (letzter Montag im Oktober), Christmas Day (25. Dezember), Boxing Day (26. Dez.) und Neujahrstag (1. Januar)

Geld

Die Landeswährung ist der Neuseeland-Dollar (NZ$; 1 € ca. 1,64 NZ$); unterteilt in 100 Cents. Bargeldloses Zahlen ist weit verbreitet, doch erheben z. B. Mietwagenfirmen oder Geschäfte einen Aufschlag von bis zu 2 % bei Zahlung mit Kreditkarte, dazu kommen ca. 1,75 % Auslandsgebühr. Geldautomaten (ATM) gibt es überall.

Gesundheit

Die medizinische Versorgung in Neuseeland ist sehr gut. Wer einen Unfall hat, erhält eine kostenlose Erstbehandlung und evtl. eine Entschädigung für die Unfallfolgen (www.acc.co.nz). Schließen Sie aber auf jeden Fall eine Auslandsreisekrankenversicherung mit Rücktransport ab und informieren Sie die (private) Krankenkasse über das Reiseziel im außereuropäischen Ausland! Über aktuelle Corona-Vorkehrungen informiert www.covid19.govt.nz/international-travel. Größere Mengen Medikamente sollten von einer englischen Übersetzung des Rezepts begleitet werden. Verzichten Sie darauf, Wasser aus Flüssen zu trinken, ohne es abzukochen. Der Giardia-Parasit ist vielerorts ein Problem und sorgt für Magenkrämpfe und Durchfall. Leitungswasser kann unbedenklich getrunken werden. Schützen Sie sich vor der Sonne, vor allem zwischen November und März hat sie eine unbarmherzige Stärke.

Öffnungszeiten

Geschäfte sind i. d. R. 8.30/9.00–17.30 Uhr geöffnet, Do. bis 21.00, Sa. bis 16.00 Uhr, Supermärkte mind. 8.00–20.00 Uhr, in größeren Städten manchmal 24 Std.; Einkaufszentren (Malls) am So. bis 18.00 und City-Geschäfte bis ca. 16.00 Uhr. Die Dairies („Tante Emma an der Ecke“) schließen tgl. gegen 21.00/22.00 Uhr, viele Cafés spätestens um 16.30 Uhr. Termine von Märkten listet www.farmersmarkets.org.nz

Reisen im Land

Unterschätzen Sie nie die Distanzen – mit dem Auto braucht man meist bedeutend länger als gedacht (www.aa.co.nz, NZ-Automobil-Club mit Entfernungskalkulator und Karten). Reisen Sie nicht per Anhalter. Die Busverbindungen sind preiswert – und schneller! Als Reiseveranstalter im Land empfiehlt sich z. B. Travelessence (www.travelessence.de) oder, etwas luxuriöser, Ahipara Luxury Travel (www.ahipara.com).

Flugzeug: Die Airline mit den meisten Verbindungen im Land ist Air New Zealand bzw. Air

Info

Daten & Fakten

Flagge: Vier rote Sterne auf blauem Grund stehen für das „Kreuz des Südens“ am Himmel, der „Union Jack“ links oben zeigt die Zugehörigkeit zum Commonwealth.
Lage: Im Pazifischen Ozean. Die Nordspitze befindet sich etwa auf der Höhe von Buenos Aires in Argentinien. Von Stewart Island sind es knapp 2700 km bis zur Antarktis. Der Kontinent Australien ist ca. 2000 km entfernt.
Fläche: 268 107 km² (Deutschland zum Vergleich: 357 050 km²). Davon entfallen 150 700 km² auf die Südinsel, 114 500 km² auf die Nordinsel und 1700 km² auf Stewart Island. Der Rest sind kleinere Inseln und Inselgruppen. Von Nord nach Süd misst Neuseeland über 1700 km, an der breitesten Stelle sind es 450 km zwischen Westen und Osten. Die buchtenreiche Küstenlinie ist 15 811 km lang. Neuseeland ist sehr hügelig/gebirgig.
Politik: Konstitutionelle Monarchie, die parlamentarisch demokratisch regiert wird. Ein Generalgouverneur vertritt das englische Königshaus. 120 Parlamentsabgeordnete werden für jeweils drei Jahre gewählt, davon vertreten sieben Politiker Maori-Interessen.
Bevölkerung und Sprache: 5 Mio., das entspricht knapp 19 Einw./km² (Deutschland 82,2 Mio., 230/km²). Die Hälfte der Bevölkerung verteilt sich auf die vier größten Städte: Auckland, Christchurch, Wellington und Hamilton. 75 % aller Neuseeländer sind europäischer Abstammung, die mit Vorfahren von den Britischen Inseln überwiegen. Knapp 17 % bezeichnen sich als Maori. Der schnell wachsende Anteil der Asiaten (16 %) bildet die drittgrößte ethnische Gruppe. An vierter Stelle (8 %) kommen Einwanderer von den Pazifischen Inseln, allen voran Samoaner. Offizielle Amtssprachen sind Englisch und Maori sowie die neuseeländische Gebärdensprache, Umgangssprache ist Englisch.
Religion: 55 % christlich (Anglikaner, Presbyterianer, Katholiken), 1 % muslimisch, 34 % geben an, keiner Religion anzugehören.
Wirtschaft und Einkommen: Pfeiler sind Landwirtschaft (Fleisch/Obst/Milchprodukte) und Tourismus (zuletzt, pre-Covid, ca. 3,8 Mio. Touristen jährlich). Durchschnittliches Jahreseinkommen: ca. 50 000 NZ$. Arbeitslosenquote: ca. 3,5 %.

New Zealand Link (www.airnewzealand.com), gefolgt von Jetstar (www.jetstar.com), einer Qantas-Tochter. Achten Sie bei (Online-) Buchungen auf die strengen Gepäckbestimmungen. Angebote: www.grabaseat.co.nz.
Bus: Größter Anbieter ist Intercity (www.intercity.co.nz) mit einem großen Netz, das mit FlexiPass oder TravelPass bestens genutzt werden kann. Preiswerter für Backpacker: www.straytravel.com, www.kiwiexperience.com.
Zug: Ein Fernzug (Northern Explorer) verbindet Auckland mit Wellington. Panoramazüge fahren von Picton über Kaikoura nach Christchurch (Coastal Pacific) sowie von dort nach Greymouth (TranzAlpine), www.greatjourneysnz.com, www.railnewzealand.com. Verbindungen rund um Auckland und Wellington haben nur regionale Bedeutung.
Fähre: Dauer der Überfahrt zwischen Nord- und Südinsel: ca. 3,5 Std., ca. 1,45 Std. davon befindet man sich im offenen, manchmal sehr bewegten Gewässer. Gesellschaften mit ca. 6–8 Abfahrten tgl.: www.bluebridge.co.nz, www.interislander.co.nz.

Reisezeit und Klima

Zwischen Mitte Dez. und Anfang Febr. sind Sommerferien. In dieser Zeit kann es auf den Campingplätzen sehr voll werden. Die Frühlingsmonate Okt. und Nov. sind wechselhaft, stabiler sind Februar (entspricht unserem Aug.) und März/April. Da im Norden ein subtropisches Klima herrscht, empfiehlt sich in den neuseeländischen Herbstmonaten die Rundreise ab Christchurch. Grundsätzlich kann das Wetter sehr wechselhaft sein, die Temperaturen auf der Südinsel fallen manchmal innerhalb von einer halben Stunde um 15 °C („southerly change"). Ein Pullover, eine Weste/Jacke und Regenzeug sollten immer dabei sein. Wettervorhersagen: www.metservice.com.

Telefon

Notruf: (Polizei/Feuerwehr/Krankenwagen): 111; weniger dringende Fälle: 105 (Verlust der Geldbörse etc., https://www.police.govt.nz/105 support).
Vorwahl: Neuseeland 0064; für Deutschland 0049, Schweiz 0041, Österreich 0043
Prepaid-SIM-Karten (ca. 200 Gesprächsmin., 1,25 GB/Monat) sind ab 20 NZ$ im Flughafenterminal bei Vodafone oder Spark erhältlich. Mit der SIM-Karte erhält man eine NZ-Rufnummer. Ihr Mobiltelefon muss für andere SIM-Karten freigeschaltet sein. Stellen Sie es vor Abflug auf die Mailbox um.

Info

Geschichte

ab dem 13. Jh.: Erste Polynesier besiedeln die Inseln.
1642: Der Holländer Abel Janszoon Tasman entdeckt „Staten Land" (später Nieuw Zeeland), geht jedoch nicht an Land.
1769: Der Brite James Cook erreicht die Ostküste der Nordinsel und annektiert das Land für die englische Krone.
1840: Am 6. Februar wird in der Bay of Islands der Treaty of Waitangi zwischen Pakeha (Weißen) und Maori unterzeichnet – die Geburtsstunde der Nation.
1867: Maori erhalten 4 Sitze im Parlament.
1893: Als erstes Land der Welt führt Neuseeland das (aktive) Wahlrecht für Frauen ein.
1907: Neuseeland wird von England zum „Dominion" erklärt – so die offizielle Bezeichnung für sich selbst verwaltende Kolonien. 40 Jahre später erhält es die Unabhängigkeit, bleibt aber Mitglied im Commonwealth.
1935: Die Labour Party übernimmt erstmals die Regierung.
1973: Der Beitritt Englands zur EG stürzt Neuseeland in ein wirtschaftliches Desaster.
1975: Um die umstrittene Auslegung des Vertrags zu klären, wird das Waitangi Tribunal eingerichtet. Später erklärt es den Anspruch der Maori an Ländereien für rechtens, bezieht dies aber nur auf Staatsbesitz.
1985: Der französische Geheimdienst versenkt das Greenpeace-Schiff „Rainbow Warrior" im Hafen von Auckland. Die Regierung erklärt das Land zur ersten atomwaffenfreien Zone weltweit.
1999: Tolkiens „Herr der Ringe" wird von Regisseur P. Jackson in Neuseeland gedreht.
2011: Ein schweres Erdbeben zerstört große Teile von Christchurch. Fünf Jahre später werden durch ein Beben bei Kaikoura Teile der wichtigen Verkehrsverbindung zwischen Christchurch und Picton unterbrochen.
2016: Der Union Jack bleibt auf der neuseeländischen Flagge, sagt die Volksabstimmung. Aber jetzt wird diskutiert, ob sich New Zealand in Aotearoa umbenennen soll.
2017: Wahlsiegerin Jacinda Ardern (Labour) geht erst eine Koalition mit der eher rechts orientierten NZ First ein, drei Jahre später gewinnt sie erneut die Wahlen und beteiligt die Grünen an der Regierung.
2019: Im März erschießt ein Rechtsradikaler aus Australien in Christchurch in zwei Moscheen 50 Muslime.
2020: Im März schottet sich Neuseeland ab, nach sieben Wochen scheint Covid im Land nicht mehr existent. Neue Pandemie-Welle ab Mitte 2021, mit Grenzöffnung zu Australien. In NZ leben nun über 5 Mio. Menschen.
2022: Im Juli entfallen alle Covid-Ein- und Ausreisebestimmungen.
2023: Die Fußball-WM der Frauen findet in Neuseeland (und Australien) statt.

Info

Wetterdaten

Auckland

	Tages-Temp. max.	Tages-Temp. min.	Wasser-Temp.	Tage mit Niederschlag	Sonnenstunden pro Tag
Januar	23°	16°	19°	9	8
Februar	22°	15°	20°	10	7
März	22°	15°	20°	10	6
April	20°	14°	19°	12	5
Mai	17°	11°	18°	13	4
Juni	16°	9°	17°	15	4
Juli	15°	8°	16°	13	4
August	15°	7°	15°	13	5
September	16°	9°	15°	13	6
Oktober	18°	11°	16°	11	6
November	19°	13°	16°	10	7
Dezember	21°	14°	17°	9	7

Unterkunft

Preiskategorien

€€€	Doppelzimmer über 200 NZ$
€€	Doppelzimmer 110–200 NZ$
€	Doppelzimmer unter 110 NZ$

Es gibt Campingplätze (s. S. 116), Hostels/Backpacker Lodges (www.bbh.co.nz, www.yha.org.nz), Motels/Hotels (zw. 140 und 270 NZ$; Sonderangebote: www.wotif.co.nz), B & B/Homestays/Farmstays (www.bedandbreakfast.co.nz und www.truenz.co.nz/homestays, www.ruralholidays.co.nz), Apartments/Holiday Homes (www.bookabach.co.nz, www.holidayhouses.co.nz, www.bachcare.co.nz, www.airbnb.co.nz) sowie Luxury Lodges (www.luxurylodgesofnz.co.nz oder www.boutiquetravel.nz).

Zoll/Steuern

Bringen Sie niemals frische Lebensmittel mit ins Land! Es drohen hohe Strafen. Wanderschuhe müssen penibel gereinigt sein. Wer mehr als 10 000 NZ$ Bargeld mit sich führen will, muss das auf dem Einreiseformular vermerken. Geschenke dürfen den Wert von 700 NZ$ nicht überschreiten. Weitere Infos: www.customs.govt.nz, www.zoll.de.

REGISTER

Fette Ziffern verweisen auf Abbildungen

Impressum

4. Auflage 2023

Verlag: DuMont Reiseverlag, Postfach 3151, 73751 Ostfildern, Tel. 0711/4502-0, www.dumontreise.de
Geschäftsführer(in): Dr. Stephanie Mair-Huydts, Markus Schneider
Programmleitung: Andrea Wurth
Redaktion: Christiane Wagner
Text: Bruni Gebauer und Stefan Huy
Exklusiv-Fotografie: Markus Kirchgessner
Titelbild: lookphotos/Rainer Mirau (Milford Sound, Fiordland N.P.)
Zusätzliches Bildmaterial: S. 3 u. Stefan Huy, S. 26 o.r. Walter Bibikow/hemis/laif, 37 laif/Clemens Emmler, 46 DuMont Bildarchiv/Clemens Emmler, 57 u. Toma Babovic/laif, 64 o. DuMont Bildarchiv/Clemens Emmler, 66 r. mauritius images/Alamy/Carol Bond, 66 l. mauritius images/John Warburton-Lee, 74 Andrew Peacock/Aurora/laif, 78 o.l. DuMont Bildarchiv/Clemens Emmler, 80 mauritius images/Mint Images/Frans Lanting, 81 Huber Images/Picture Finder, 88 o.r., 89 DuMont Bildarchiv/Clemens Emmler, 90 u. Aurora Photos/lookphotos, 94 (3), 95, 96 l. DuMont Bildarchiv/Clemens Emmler, 96 r. mauritius images/Alamy RF/RooM the Agency, 97 DuMont Bildarchiv/Clemens Emmler, 102/103 AWL Images/Tom Mackie, 120 l. mauritius images/Krista Rossow/Alamy, 120 o.r. mauritius images/Paul kennedy/Alamy, 120 u.r. picture alliance/imageBROKER/Franz Walter, 121 o.l. mauritius images/Tim Cuff/Alamy, 121 o.r. mauritius images/Alamy/Krista Rossow, 121 u. mauritius images/Mawardi Bahar/Alamy
Textquellen: S. 77 Alain de Botton, Kunst des Reisens, Frankfurt/M. 2009, S. 264; 121 Keri Hulme, Unter dem Tagmond, Frankfurt/M. 1987, S. 319
Grafische Konzeption, Art Direktion, Layout: fpm factor product münchen
Cover Gestaltung: CYCLUS · Visuelle Kommunikation, Stuttgart
Kartografie: © MAIRDUMONT GmbH & Co. KG, Ostfildern
Kartografie Lawall (Karten für „Unsere Favoriten")
DuMont Bildarchiv: Marco-Polo-Straße 1, 73760 Ostfildern, Tel. 0711/4502-0, bildarchiv@mairdumont.com

Für die Richtigkeit der in diesem DuMont Bildatlas angegebenen Daten – Adressen, Öffnungszeiten, Telefonnummern usw. – kann der Verlag keine Garantie übernehmen. Nachdruck, auch auszugsweise, nur mit vorheriger Genehmigung des Verlages. Erscheinungsweise: vierteljährlich.

Anzeigenvermarktung: MAIRDUMONT MEDIA, Tel. 0711/4502-0, media@mairdumont.com, http://media.mairdumont.com
Vertrieb Zeitschriftenhandel: PARTNER Medienservices GmbH, Postfach 810420, 70521 Stuttgart, Tel. 0711/7252-212
Vertrieb Abonnement: Leserservice DuMont Bildatlas, Zenit Pressevertrieb GmbH, Postfach 810640, 70523 Stuttgart, Tel. 0711/7252-265, dumontreise@zenit-presse.de
Vertrieb Buchhandel und Einzelhefte: MAIRDUMONT GmbH & Co KG, Marco-Polo-Straße 1, 73760 Ostfildern, Tel. 0711/4502-0
Reproduktionen: PPP Pre Print Partner GmbH & Co. KG, Köln

Printed in Germany

FSC® www.fsc.org MIX Papier aus verantwortungsvollen Quellen FSC® C155291

Urlaub erinnern …

Wenn man eine Reise tut, kann man bekanntlich was erleben – und später davon erzählen. Denn zu den Mitbringseln gehören die vielen Erinnerungen.

ERSTE WAHL

Down Under hat uns die Vielzahl an Läden mit gut erhaltenen Gebrauchtwaren schließlich überzeugt: Man muss nicht immer neu kaufen, egal ob Bücher, Kleidung, Haushaltswaren oder Möbel. Für die preisbewussten Kiwis seit jeher ganz normal, für uns zunächst gewöhnungsbedürftig. Jetzt gehen auch wir auf Flohmärkte und besuchen attraktive Secondhand-Adressen in unserer Umgebung.

BITTE HINTEN ANSTELLEN

Sich an der Supermarktkasse nicht vordrängen, am Busbahnhof geduldig in der Schlange warten, im Stau während der Rushhour bloß nicht mittels Autohupe vorankommen wollen: Neuseeland kann bereits nach wenigen Tagen sehr entschleunigen. Schön, wenn der Zustand daheim anhält.

WASSER-SPIEGEL

Die in allen Blautönen schillernde Perlmuttschale der Paua-Muschel ruft die intensiven Farben neuseeländischer Gewässer ins Gedächtnis: ob das blasse Azurblau der Gletscherseen im Mackenzie Country, das satte Türkis von Kraterseen im Tongariro National Park oder das strahlende Blau der Pazifikwellen. Bis zu handtellergroße Paua-Schalen sind ein populärer Souvenir-Artikel und fallen im Fluggepäck nicht weiter ins Gewicht.

WANDERLUST

Neuseelands famose Naturlandschaften muss man vor allem zu Fuß erleben: durch ausgedehnte, schummerige Regenwälder gehen, schroffe Vulkanhänge im Tongariro National Park besteigen oder Schritt für Schritt in den weichen Sand der Golden Bay (Abb.) sinken. Wir haben so unsere Wanderlust entdeckt und machen uns seither überall in der Welt gerne zu Fuß auf den Weg.

KAFFEE-KULT

Viele Baristas, vor allem in Auckland oder Wellington, haben es einfach drauf. Sie zaubern mittels Espressomaschine und eigens gerösteten Bohnen aromatische Kaffeespezialitäten, ob Cappuccino oder Flat White. Das setzt Maßstäbe. Und lässt uns zu Hause oft lange nach richtig gutem Kaffee dürsten.

»EINE ZEITLANG FÄNGT NIEMAND ETWAS, ABER ES IST ANGENEHM, IN DER SONNE ZU SITZEN.«

„Unter dem Tagmond", der mit dem Booker Prize ausgezeichnete Band von Keri Hulme, lässt einen eintauchen in abgelegene Gegenden von Neuseeland.

FILMREIF

Fans von „Herr der Ringe" und den Hobbits können ein Füllhorn von Eindrücken mit nach Hause nehmen. Das garantieren die vielen Originalschauplätze der aufwendigen Verfilmungen in imposanten Naturkulissen. Hauptattraktion ist nach wie vor Hobbiton, das einzig verbliebene Film-Set bei Matamata.

TIPP FÜR DEN SCHNELLEN DIP ...

In einer Schüssel 250 ml Reduced Cream und den Inhalt einer Tüte Onion Soup (in jedem Supermarkt erhältlich) mit einem Löffel Zitronensaft oder Essig verrühren, die sämige Masse 0,5 Std. im Kühlschrank kalt stellen und mit Gemüsehappen oder Crackern servieren. Lecker!

SCHÖNSTE EINSAMKEIT

Die finden wir immer wieder auf den Inseln. Denn abseits der Zentren laden fast menschenleere Naturlandschaften förmlich dazu ein, mit sich und der Welt allein zu sein. Und weil wir es lieben gelernt haben, hin und wieder alles und jeden hinter uns zu lassen, kennen wir inzwischen auch in der Heimat Gegenden, die für ein paar Tage Einsamkeit und Erinnerungen ausreichend Platz bieten. Man muss nur danach suchen.

ERLEUCHTUNG

Der sternenklare Nachthimmel über Tekapo (oder dem nahen Glentanner, Abb.) auf der Südinsel wird einem nie mehr aus dem Kopf gehen. Versprochen! Denn im dünn besiedelten und kaum illuminierten Innern der Südinsel trübt nichts den Blick hinauf ins glitzernde Firmament bei den Antipoden.

PRO
GRAMM

FRANKREICH SÜDWESTEN OKZITANIEN

Eine faszinierende Vielfalt zeichnet die südfranzösische Region zwischen der Rhone und der Grenze zu Spanien aus mit nahezu unberührten Landschaften wie den Cevennen und tollen Städten wie Toulouse und Montpellier.

Die schönsten Bastiden
Kennen Sie Aigues-Mortes, Mirepoix oder Najac? Nein? Müssen Sie kennenlernen. Es sind mittelalterliche Städtchen von unglaublichem Reiz.

www.dumontreise.de

NORDSEEKÜSTE SCHLESWIG-HOLSTEIN

Platt ist das Land
In Dithmarschen, auf der Eiderstedter Halbinsel, in Nordfriesland, auf Sylt, Amrum und Föhr, auf Pellworm, Nordstrand und natürlich auf den Halligen.

Genussmomente am Meer
Ein kaltes Bier mit den Füßen im warmen Sand, deftiger Pannfisch in den Dünen, ein Cocktail zum Sunset am Kliff – die schönsten Locations für Genussmomente.

LIEFERBARE AUSGABEN

DEUTSCHLAND
207 Allgäu
216 Altmühltal
220 Bayerischer Wald
180 Berlin
162 Bodensee
217 Brandenburg
175 Chiemgau, Berchtesg. Land
013 Dresden, Sächsische Schweiz
152 Eifel, Aachen
157 Elbe und Weser, Bremen
168 Franken
020 Frankfurt, Rhein-Main
112 Freiburg, Basel, Colmar
231 Hamburg
026 Hannover zw. Harz und Heide
042 Harz
023 Leipzig, Halle, Magdeburg
210 Lüneburger Heide
188 Mecklenburgische Seen
038 Mecklenburg-Vorpommern
033 Mosel
190 München
047 Münsterland
223 Nordseeküste Schleswig-Holstein
006 Oberbayern
161 Odenwald, Heidelberg
035 Osnabrücker Land, Emsland
002 Ostfriesland
164 Ostseeküste Mecklenburg-Vorpommern
154 Ostseeküste Schleswig-Holstein
201 Pfalz
040 Rhein zw. Köln und Mainz
185 Rhön
186 Rügen, Usedom, Hiddensee
206 Ruhrgebiet
149 Saarland
182 Sachsen
159 Schwarzwald Norden
045 Schwarzwald Süden
018 Spreewald, Lausitz
008 Stuttgart, Schwäbische Alb
141 Sylt, Amrum, Föhr
204 Teutoburger Wald
170 Thüringen
037 Weserbergland

BENELUX
156 Amsterdam
011 Flandern, Brüssel
179 Niederlande

FRANKREICH
177 Bretagne
021 Côte d'Azur
032 Elsass
228 Frankreich Südwesten Okzitanien
019 Korsika
213 Normandie
235 Paris
198 Provence

GROSSBRITANNIEN/IRLAND
187 Irland
202 London
189 Schottland
227 Südengland

ITALIEN/MALTA/KROATIEN
181 Apulien, Kalabrien
211 Gardasee
222 Golf von Neapel, Kampanien
163 Istrien, Kvarner Bucht
215 Italien, Norden
233 Kroatische Adria
167 Malta
155 Oberitalienische Seen
158 Piemont, Turin
014 Rom
165 Sardinien
003 Sizilien
203 Südtirol
039 Toskana
232 Venedig, Venetien

GRIECHENLAND/ZYPERN/TÜRKEI
034 Istanbul
016 Kreta
176 Türkische Südküste, Antalya
229 Zypern

MITTEL- UND OSTEUROPA
236 Baltikum
208 Danzig, Ostsee, Masuren
169 Krakau, Breslau, Polen Süden
044 Prag
193 St. Petersburg

ÖSTERREICH/SCHWEIZ
192 Kärnten
004 Salzburger Land
196 Schweiz
226 Tirol
197 Wien

SPANIEN/PORTUGAL
043 Algarve
214 Andalusien
150 Barcelona
025 Gran Canaria, Fuerteventura, Lanzarote
172 Kanarische Inseln
199 Lissabon
209 Madeira
174 Mallorca
225 Porto, Portugal Norden
007 Spanien Norden
219 Teneriffa, La Palma, La Gomera, El Hierro

SKANDINAVIEN/NORDEUROPA
166 Dänemark
212 Finnland
153 Hurtigruten
029 Island
200 Norwegen Norden
178 Norwegen Süden
151 Schweden Süden, Stockholm

LÄNDERÜBERGREIFENDE BÄNDE
224 Donau – Von der Quelle bis zur Mündung
112 Freiburg, Basel, Colmar
221 Kreuzfahrt auf der Ostsee

AUSSEREUROPÄISCHE ZIELE
183 Australien Osten, Sydney
109 Australien Süden, Westen
218 Bali, Lombok
195 Costa Rica
234 Dubai, Abu Dhabi, VAE
160 Florida
036 Indien
205 Iran
027 Israel, Palästina
230 Kalifornien
031 Kanada Osten
191 Kanada Westen
171 Kuba
022 Namibia
194 Neuseeland
041 New York
184 Sri Lanka
048 Südafrika
012 Thailand
046 Vietnam